ここが知りたい

国籍法Q&A

土手　敏行　著

発行　テイハン

は し が き

　国籍に関する基本的な事項を網羅的に採り上げて、分かりやすく簡潔に説明した「ここが知りたい国籍法100題」は、平成7年に刊行されました。そして、その後の関係法令の改正等を踏まえて、これの解説等の見直しを行い、新たなQ＆Aを追加した「増補ここが知りたい国籍法100題」は、平成10年に刊行されました。

　本書は、その後の関係法令の改正等を踏まえて、「増補ここが知りたい国籍法100題」の解説等の見直しを行うととともに、平成20年及び平成30年の国籍法改正に伴う新たなQ＆Aを追加したものです。

　本書は、土手のほか、法務省民事局民事第一課補佐官塚田佳代、同課白石圭佑両氏が中心となって執筆し、全体の調整を私が行いました。もとより、本書は、筆者らが個人の立場で執筆したものであり、意見にわたる部分は筆者らの個人的見解にとどまるものです。

　我が国の国際化が進展し、諸外国との交流が活発になり、国籍取得、帰化、国籍喪失、国籍留保、国籍離脱、国籍選択、国籍再取得等国籍に関する正確な理解がより一層重要になる中、本書が関係各方面において広く利用され、国籍に関する理解の一助になれば幸いです。

　令和4年3月

　　　　　　　　　　　　法務省民事局民事第一課長　　土手　敏行

ここが知りたい国籍法Q&A

■ 目　次 ■

第3款　届出による国籍の取得

第4款　帰化による国籍の取得

第4節 国籍の選択

第5節　その他

〈国籍関係用語・トピック解説〉

〈資　料〉

【凡　例】

○法令略称一覧

国籍法(昭和25年法律第147号) ……………国籍法（法）*

国籍法(明治32年法律第66号) ………………旧国籍法（旧国籍法）*

国籍法及び戸籍法の一部を改正する法律

　（昭和59年法律第45号) ………………昭和59年改正法（昭和59年改正法）*

国籍法の一部を改正する法律

　（平成20年法律第88号) ………………平成20年改正法（平成20年改正法）*

民法の一部を改正する法律

　（平成30年法律第59号) ………………平成30年改正法（平成30年改正法）*

法の適用に関する通則法

　（平成18年法律第78号) ………………法の適用に関する通則法（通則法）*

国籍法施行規則

　（昭和59年法務省令第39号) ………………国籍法施行規則（施行規則）*

国籍法施行規則の一部を改正する省令

　（平成20年法務省令第73号) ………………平成20年改正省令(平成20年改正省令)*

出入国管理及び難民認定法

　（昭和26年政令第319号) …………………出入国管理及び難民認定法（入管法)*

＊は文中の（　　）内での略称です。

第1章　総　論

```
1
```

国籍とは、何ですか。

1　国籍とは、人が特定の国の構成員であるための資格であり、ある
　国の国籍を有する者を、その国の国民と呼びます。

　　国家が存立するためには、領土とともに、その構成員である国民
　の存在が不可欠です。したがって、国籍という概念は、どこの国に
　もありますが、どの範囲の者をその国の国民として認めるかは、そ
　の国の沿革、歴史、伝統、その置かれた政治・経済情勢等によって
　異なります。

　　日本では、出生による国籍の取得について、父母の国籍をその子
　が取得するという血統主義を基本とし、無国籍の発生を防ぐために、
　補充的に生地主義を採用しています。

2　現在では、国籍と住所とは、明確に区別されていますが、封建時
　代においては、人は、その土地に居住することによって、その土地
　を支配する領主の支配下に置かれるとともに、その領土の構成員と
　なるという意味で、国籍と住所との区別は、明確に意識されていま
　せんでした。近代国家の成立に伴い、民族主義又は国家主義の思想
　の発展により、人々が同一共同体に属する「国民」としての独立性
　を外部に対して強く意識するようになった結果、国籍という概念が
　確立したといわれています。このように、現在では、国籍と住所と
　は明確に区別されていますが、国によっては、出生した国の国籍を
　取得するという生地主義を採用しているところもあり、また、国籍
　を取得するための条件として一定の居住の事実を要求しているとこ

1

ろも多いので、国籍と住所との間には、なお一定の関係が認められます。

3　国籍と密接に関連するものとして、市民権という概念があります。これも、国籍と同様に、近代国家の成立に伴って確立したものです。すなわち、民主主義思想の広がりにより、個人が共同体の意思決定に参加する主体としての自覚を有するようになり、そのような資格を表すものとして、市民権という概念が生まれたといわれています。したがって、国民と市民とは、元々は、同一の意味を有していたものであり、政治的組織体としての国家の構成員を、対外的に他の国家のそれと区別していうときは国民と呼び、同一の共同体の内部においてその意思決定に参加する一員として見るときは市民と呼んでいました。現在でも、多くの国において、国籍とほぼ同じ意味で市民権という言葉が使われているのは、このような経緯によるものです。

4　国籍とは、政治的に組織された共同体である国家の構成員としての資格を意味するものですので、言語、宗教、思想、風俗等の文化を共通にする人々の共同体を意味する民族という概念とは異なります。

　　日本国籍、中国国籍等を有する者を総称して、「日本人」、「中国人」等と呼ぶことがありますが、他方で、同一民族の一員であることを表す場合にも、このような言い方がされることがあります。このように、同じ呼び方をされていても、国籍と民族とは区別され、例えば、アメリカ合衆国は、多くの民族から構成されていますが、その国民は、全て同じアメリカ合衆国の国籍を有するという関係にあります。

5　このように、国籍は、特定の国家の構成員であるための包括的な

身分とされていますが、これに基づいて、国家と国民との間には、種々の法律関係が発生します。これらの法律関係のうち、主要なものは、国民の権利及び義務として、それぞれの国の憲法が規定しています。日本の場合も、憲法第3章が「国民の権利及び義務」として、種々の権利及び義務を規定しています。なお、国籍に本質的に伴う権利としては、参政権、国内居住権等があります。

国籍と法の適用に関する通則法

　ある人がどこの国の国籍を取得するかは、その国籍取得が問題とされる国の国籍法によって定まりますが、多くの国では、一定の範囲で、親子関係等の身分関係の発生や婚姻、認知等の身分行為の結果として、その国の国籍の取得を認めています。

　このように国籍を認定するためには、その前提として、その国の法令上、国籍取得の前提となる身分関係等が有効に成立しているかどうかを判断する必要がありますが、渉外的身分関係においては複数の国の法律が錯綜するため、どこの国の法律に照らして身分関係の存否又は身分行為の成否を判断するのかを定める必要があります。そこで、渉外的身分関係に適用すべき法律（これを準拠法といいます。）を定める法律が必要となります。これが、国際私法であり、日本では、法の適用に関する通則法中に国際私法に当たる規定が多く置かれています。

　このように、法の適用に関する通則法は、一方で、国籍決定の前提となる身分関係に関する準拠法を規律していますが、他方で、婚姻の効力等の身分関係については原則として本国法によることとしていることから、その本国がどこになるかを判断するために、関係する当事者の国籍の認定が常に問題となってきます。

2

国籍は、どのように決まりますか。

1　国籍は、それぞれの国家が定めた、その国の国籍の取得及び喪失
に関する法律によって決定されます。それぞれの国は、主権を有し、
その主権の及ぶ国民の範囲を自ら決定することができるというのが、
国籍立法に関する国際法上の原則とされています（国籍法の抵触に
ついてのある種の問題に関する条約１条、２条参照）。

　　各国は、この原則に基づき、それぞれの国の歴史的沿革、人口政
策、政治的・経済的事情等を考慮して、その国の国籍の取得及び喪
失の原因を定めています。日本においては、国籍法が、日本国籍の
取得及び喪失の原因を定めています。

2　各国の国籍に関する法律が定める国籍取得の原因には、大別して、
個人の意思に関わりなく一定の事実又は身分行為の発生により自動
的に国籍を与えるものと、国籍取得を希望する者からの申請等に基
づいて国籍を与えるものとがあります。

3　個人の意思によらない国籍取得の原因のうち、出生によるものは、
国籍取得の根拠により、血統主義と生地主義とに分けられます。

⑴　血統主義とは、その国の領土内で生まれたかどうかにかかわり
なく、父又は母が自国民であれば、子に国籍を付与する主義で、
血縁関係を基礎とするものです。

　　血統主義には、父の国籍のみを与えるもの、母の国籍のみを与
えるもの、父母の国籍のいずれも与えるものがあり、それぞれ、
父系血統主義、母系血統主義、父母両系血統主義と呼ばれていま
す。最近の傾向としては、父母両系血統主義を採る国が増えてい
ます。

4

　　血統主義は、国家の伝統を重んずる国、あるいは、自国民を移
　民として海外に送り出している国において、国家的利益を保護す
　る必要から採用されていることが多いようです（イタリア、中国、
　ドイツ、トルコ、日本、フランス等）。

(2)　生地主義とは、父母の国籍にかかわりなく、その国の領土内で
　生まれた子に国籍を付与する主義で、出生の際の地縁関係を基礎
　とするものです。

　　生地主義は、かつて植民地であった国において、多くの国々か
　らの移民を受け入れるために採用されていることが多いようです
　（アメリカ合衆国、アルゼンチン、カナダ、ブラジル、ペルー、
　メキシコ等）。

(3)　日本は、旧国籍法により、父系血統主義を原則とし、補充的に
　生地主義を採用してきましたが、昭和59年の国籍法改正により、
　昭和60年1月1日から父母両系血統主義を採用するに至りました。

国籍は、何によって証明されますか。

1 日本国籍の証明

(1) 日本国籍を証明する公的な資料としては、戸籍があります。

　日本の戸籍制度上、全ての国民は、日本国内に居住するか否かにかかわらず、戸籍に記載されることになっています。新たに日本国民として出生した者や帰化又は法務大臣への届出により日本国籍を取得した者については、それぞれ届出などの義務が課されており（戸籍法49条、55条、57条、102条、102条の2、110条、111条）、その届出に基づいて、その者は、戸籍に記載されます。外国人も、日本国内で出生した場合等には、戸籍法上の届出義務がありますが（戸籍法25条2項、49条）、その届出に基づいて戸籍に記載されるということはありません。

　日本国籍を有する者が日本国籍を喪失したときは、国籍喪失の届出義務が課されています（戸籍法103条）。また、官公署が国籍の喪失を知ったときは、その旨を本籍地の市区町村長に報告しなければなりません（戸籍法105条）。この届出又は報告があったときは、国籍喪失者は、戸籍から除籍されます（戸籍法23条）。

　なお、国外で出生した日本国籍を有する重国籍者については、一定の期間内に出生の届出とともに、日本国籍の留保の届出（法12条、戸籍法104条）がされると、戸籍に記載されますが、この届出がないと、出生の時に遡って日本国籍を失い、戸籍に記載されることはありません。

(2) このように、日本国籍を有する者は、戸籍に記載され、日本国籍を喪失した者は、戸籍から除籍されることとされていますので、

戸籍の記載は、日本国籍の有無の公的な証明資料となるわけです。

　　しかし、戸籍の記載は、原則として、届出によってされることとされていますので（戸籍法15条）、日本国民として出生した者であっても、出生の届出の懈怠により、戸籍に記載されていない場合や、外国へ帰化したために日本国籍を喪失した者でも、国籍喪失の届出又は報告がないため、戸籍に記載されたままとなっている場合があります。したがって、戸籍の記載は、日本国籍の絶対的な証明とはいえません。また、戸籍の記載は、証明資料にとどまるので、戸籍の記載の有無により日本国籍の得喪の効果に影響が及ぶことはありません。

(3)　戸籍の記載は、日本国籍の有無の公的な証明資料ですから、日本国籍の証明には、通常、戸籍の謄本又は抄本で足りますが、外国官憲等がどうしても日本政府発行の証明書の提出を求める場合等、やむを得ない事情があるときは、法務省民事局から日本国籍証明書が発行されることがあります。なお、この証明は、法律に明記されているものではなく、行政庁が所管事項について行う、いわゆる行政証明です。

2　外国国籍の証明

(1)　個人が特定の国家の国籍を有するかどうかは、専ら当該国家の法令によって決定されるべきものとされています。したがって、外国国籍の有無の証明は、当該外国政府の発行した証明書によることが最も適切であるといえます。

(2)　外国国籍の認定が問題となる場合に、必ずしも当該外国政府発行の国籍証明書があるとは限らず、間接的な資料で国籍を認定することが必要になることがあります。旅券（パスポート）は、原則として、自国民に対して当該政府が発給するものですから、国

籍を証明するための間接的な資料としては、最も一般的で確実性の高いものといえます。もっとも、国によっては、外国人に対しても外国人用パスポートを発行しているところがありますので、注意が必要です。

　また、韓国には家族関係登録制度が、台湾には戸籍制度がありますので、それぞれ基本証明書、台湾戸籍の謄本などから国籍を認定することができ、生地主義を採る国の国籍が問題となる場合には、出生証明書等の副次的な資料によっても国籍を認定することができます。

(3)　外国国籍の認定に際して、外国人に係る住民票や日本の戸籍の記載が間接資料となる場合があります。日本に一定期間以上在留する外国人については、転入の届出義務が課されていますが、届出に当たっては、在留カードなどを提示することとなっており、それに基づき住民票に国籍が記載されます。また、戸籍制度上、日本国民との間で婚姻、養子縁組等の身分行為をした外国人については、当事者が提出した資料に基づいて、当該日本人の戸籍にその外国人の国籍が記載されます。これら外国人に係る住民票や戸籍における国籍の記載も、外国人の国籍認定のための資料となります。

4

日本の戸籍に記載されている人は、全て日本国籍を有するのですか。

　戸籍は、夫婦、親子等の私法上の身分関係を公証する制度ですが、戸籍に記載されるのは日本国民に限られ、また、日本国籍を有する者は全て、戸籍に記載されることになっています。したがって、戸籍の記載は、日本国籍の有無及びその得喪を公証する機能を有しているということができます（第3問参照）。

　しかし、届出がされなかったり、虚偽の届出等に基づいて戸籍の記載がされることもあり、実際には、戸籍の記載と国籍が一致しない場合が生ずることがあります。

　したがって、戸籍の記載は、日本国籍の有無及びその得喪について推定力を有するということができますが、国籍の絶対的な証明とはならず、反証を挙げて、この推定を覆すことができます。

　なお、日本国籍を有しない者が何らかの事情で誤って戸籍に記載されている場合には、当該戸籍の記載は、法律上許されないものですので、戸籍訂正の手続（戸籍法113条から116条まで）により消除されることになります。

5 二重に国籍を取得することがありますか。どのような場合に、二重国籍になりますか。

1　各国における国籍立法は、それぞれの国の歴史的沿革、人口政策、政治的・経済的事情等を考慮して、独自にその国の国籍を付与する原因及び態様を決定しているため、一人の人が同時に二つ以上の国籍を付与されることがあります。

2　国籍法の下で日本国籍を取得した者が、更に他の国の国籍を取得して重国籍者となるのは、次のような場合です。

⑴　日本は、国籍の取得に関し、原則として、父母のいずれかが日本国籍を有するときは、その子にも日本国籍を付与するという父母両系血統主義を採用しています。したがって、父母の双方又はいずれかが日本人である場合において、自国内で生まれた者には父母の国籍を問うことなく自国籍を付与するという生地主義を採る国で子が生まれると、その子は、出生した国の国籍も取得して、日本国籍との重国籍者となります。もっとも、この場合には、出生後一定の期間内に日本国籍を留保する届出をしなければなりません（第86問参照）。

⑵　父母の一方が日本人、他方が外国人である場合において、その外国人が父母両系血統主義を採る国の国民であるときは、その子は、一方の親の日本国籍ともう一方の親の外国国籍を取得して重国籍者となります。また、外国人である父が父系血統主義を採る国の国民であるときも、母が日本人であれば、その子は、父の外国国籍と母の日本国籍を取得して重国籍者となります。

⑶　日本は、夫婦国籍独立主義を採っていますので、日本人が外国

10

人と婚姻しても、日本国籍を喪失することはありませんが、その
外国が婚姻によってその国の国籍を付与するという夫婦国籍同一
主義を採っている場合には、外国人と婚姻した日本人は、その外
国の国籍も取得して重国籍者となります。

(4)　日本は、親子国籍独立主義を採っていますので、日本人が外国
人に認知されても、日本国籍を喪失することはありませんが、認
知によって認知された子が認知した親の国籍を取得する法制を採
っている国があり、このような国の国民に認知された日本人は、
その国の国籍も取得して重国籍者となります。

　　同様に、日本人が外国人の養子となっても、日本国籍を喪失す
ることはありませんが、養子が養親の国籍を取得する法制を採っ
ている国においては、養子となる日本人は重国籍者となります。

(5)　日本人が外国へ帰化した場合には、帰化者本人は、自己の志望
によって外国国籍を取得したものとして、当然に日本国籍を失い
ますが（法11条）、その者の子は日本国籍を喪失しません。とこ
ろが、帰化の効力として、帰化者の子にもその国の国籍を付与す
る法制を採っている国もあり、この場合には、帰化者の子である
日本人は、重国籍者となります。

6

二重国籍となると、何か問題があるのですか。

1 　重国籍者は、二つ以上の国家に所属することから、国家が国民に
対して有する対人主権が重複して及ぶことになり、外交保護権の衝
突等により国際的摩擦が生ずるおそれがあります。また、国家は、
自国民に対し、兵役義務、納税義務等の義務を課すことができます
ので、重国籍者は、その所属する国から、それぞれ義務の履行を要
求され、時には、その義務が衝突し、不測の事態を引き起こすおそ
れがあります。

2 　身分上の問題に限ってみても、重国籍者は、その所属する各国に
おいて別個の氏名により国民として登録され、別個の旅券を行使す
ることもでき、個人の同一性の判断が困難となり、場合によっては、
重婚が生じたり、適正な入国管理が阻害されるおそれもあります。

　また、国際結婚等の有効性、効力等を判断するためには、どこの
国の法律を適用するかが問題となり、この場合には、当事者の本国
法が適用されることになりますが、重国籍者の場合、その本国法と
して適用すべき法律の内容が国により異なるため、ある婚姻が、適
用すべき本国法によって有効とされたり、又は無効とされたりする
ことになり、いわゆる跛行婚が生ずる等、渉外的な私法関係に混乱
を生ずるおそれがあります。

3 　日本では、重国籍を防止するため、現に外国国籍を有する日本国
民は、法務大臣に届け出ることによって日本国籍を離脱することが
できることとし（法13条）、また、外国人が日本に帰化するには、
原則として、従来の国籍を失うべきことを条件とし（法5条1項5
号）、さらに、自己の志望により外国国籍を取得したときは、日本

国籍を失うとすること（法11条１項）等により、重国籍の発生を防止するとともに、いったん重国籍者となった者については、国籍の選択義務を課して（法14条から16条まで）、その解消を図ることとしています。

7

国籍がない人もいるのですか。どのような場合に、無国籍者となるのですか。

1　無国籍とは、人がどの国の国籍も有していないことをいいます。人は、いずれか一つの国籍を有することが理想ですが、各国の国籍立法がその国の国籍を付与する原因及び態様を独自に定めているため、いずれの国の国籍も有しない無国籍者が生じることがあります。

2　無国籍者となるのは、次のような場合です。

(1)　国籍法は、父母両系血統主義を採用していますが（法2条1号、2号）、子が出生により日本人である父の国籍を取得するのは、出生時に父との間に法律上の父子関係が成立している場合です。したがって、婚姻していない日本人父と外国人母の間に生まれた子については、父から胎児認知を受けていない限り、出生により日本国籍を取得しないので（第26問参照）、母の外国国籍を取得することができないときは、その子は、無国籍者となります。

(2)　日本においては、昭和59年の国籍法改正によって父母両系血統主義が採用されましたが、この改正前においては、父系血統主義が採られていましたので、生地主義を採る国の男性と日本人女性との間の嫡出子として日本において出生した子は、いずれの国籍も取得することができず、無国籍者となっていました。

　　例えば、アメリカ人男性と日本人女性との婚姻中に日本において出生した子は、アメリカ国籍を取得しない限り、無国籍者となっていました。すなわち、アメリカ人父が子の出生前通算10年以上（そのうち5年以上は14歳に達した後において）アメリカ合衆国又はその属領に居住していれば、その子は、出生によりアメリ

14

カ国籍を取得しますが（アメリカ合衆国移民及び国籍法301条(g)
項。なお、同項は、1986年10月18日に改正され、子の出生前の居
住期間が5年以上、そのうち14歳に達した後の居住期間が2年以
上とされています。）、アメリカ人父がこの条件を満たしていなけ
れば、その子は、アメリカ国籍を取得しないこととなり、また、
日本は、昭和59年改正法による改正前の国籍法の下では、父系血
統主義を採用していたため、母の国籍である日本国籍も取得する
ことができず、結局、無国籍者とならざるを得ませんでした。

(3)　国籍法には、国籍剥奪の規定はありませんが、諸外国の国籍立
法には、国籍剥奪の規定を設けているものも見受けられます。こ
の規定によって国籍を剥奪された者が、他に国籍を有しない場合
には、無国籍者となります。

8 無国籍だと、どのような問題があるのですか。

1　無国籍者は、いずれの国にも所属していないことから、その人の利益を保護すべき国家がないことになり、したがって、その滞在する国において、いかなる待遇を受けても、外交保護権を行使してくれる国家がないことになります。また、国内法上、外国人に対して相互主義に基づき各種の利益が与えられている場合にも、無国籍者は、その利益にあずかることができないことになります。さらに、無国籍者は、退去すべき本国を持ちませんから、ある国から退去を命じられ、国境を越えて他の国に入った場合には、その国からも退去を命じられるおそれがあります。このほか、無国籍者は、旅券を所持することができないため、自由に国家間を移動することができませんし、本国法がないため、国際結婚等をして、その効力等が問題になる場合に、どの国の法律を適用すべきかという問題も生じてきます。

2　日本では、無国籍者の発生を防止するため、補充的に生地主義を採用し、日本で出生した子については、「父母がともに知れないとき、又は国籍を有しないとき」は、出生により日本国籍を取得するものとし（法2条3号）、また、日本で出生した子で、出生の時から無国籍となっているものについては、簡易な条件で帰化を許可することができることとしています（法8条4号）。

9

日本人と外国人の法的地位に関しては、どのような差異があるのですか。

1　日本では、日本人と外国人の法的地位に関して、法律上種々な差異があります。しかし、近時、多くの国々では、国際関係を正常に維持していくために、外国人に対しても、法律上の保護を与える必要があるとして、広範な権利の享有を認めるようになっています。日本でも、憲法が「条約及び確立された国際法規は、これを誠実に遵守する」（憲法98条2項）と規定していますので、条約や国際法規で認められている外国人の地位は、憲法上も保障されています。しかしながら、広範な権利の享有を認めるといっても、各国とも、これを無制限に認めているのではなく、種々の政策等により、一定の制限を加えています。

　日本においては、日本国憲法が保障する基本的人権については、参政権など権利の性質上日本国民のみをその対象としていると解されるものを除き、その保障が及ぶとされています。しかし、外国人の在留の許否は国の裁量に委ねられていることから、基本的人権の保障も外国人在留制度の枠内で与えられているにすぎないとされています。

2　日本における日本人と外国人の法的地位に関する差異の概要は、次のとおりです。

(1)　出入国及び在留

　日本国民は、日本国内において、自由に職業を選択することができ、居住についても、特に制限を受けませんが（憲法22条）、外国人は、原則として取得した在留資格の範囲内での活動及び在

17

留資格に応じて定められた期間内での在留しかできません（入管法2条の2、19条）。また、日本国民は、有効な旅券等を所持し、出国又は帰国の確認を受ければ、日本に自由に出国又は帰国することができますが（憲法22条、入管法60条、61条）、外国人は、日本からの出国は原則としてその確認を受ければ自由であるのに対し、日本への入国については、原則として、有効な旅券等を所持し、法定の上陸拒否事由に該当せず、日本において行おうとする活動が在留資格に適合する等の上陸の条件に適合する場合に限り、上陸が許可され、在留資格を取得することができます（入管法3条、5条、7条、25条、25条の2）。

そして、16歳以上の外国人は、その地位に応じて、旅券や在留カード等を常に携帯しなければならないこととされています（同法23条）。

(2) 参政権

日本国民には、日本の政治に参加する権利が憲法上保障されていますが（憲法15条）、外国人には、当然に日本の政治に参加する権利はありません。

外国人は、衆議院議員、参議院議員、地方公共団体の議会の議員及び長の選挙権、被選挙権を有しませんし（公職選挙法9条、10条）、地方公共団体の条例の制定、改廃、議会の解散等の請求権も有しません（地方自治法12条、13条）。また、外国人は、政治活動に関して寄附をすることもできません（政治資金規正法22条の5）。

(3) 公職への就任

参政権が日本国民に限定されていることから、外国人は、原則として、公職に就くことができないものと解されています。選挙

権を有することを資格要件としている公職としては、検察審査員
（検察審査会法４条）、人権擁護委員（人権擁護委員法６条）、民
生委員（民生委員法６条）等があります。また、日本国民である
ことを要件とするものとして、公証人（公証人法12条）がありま
す。

　一般の国家公務員については、外国人の就任を禁止する直接の
規定はありませんが、公権力の行使又は公の意思の形成に参画す
る官職については、日本国籍を有しない者は就任することができ
ないものと解されています。また、公務員のうち、外務公務員に
ついては、本人が日本国籍を有しないこと又は外国国籍を持つこ
とが欠格事由とされています（外務公務員法７条）。これは、外
務公務員が機密事項に従事することが多い等の特殊性が考慮され
たものと考えられます。

(4)　財産権

　外国人の土地所有については、勅令によって制限することがで
きることとされていますが（外国人土地法１条、２条、４条、５
条）、現在、勅令に代わる政令は制定されていませんので、事実
上、制限はありません。

　また、特許法、実用新案法、意匠法、商標法等に相互主義によ
る権利の享有についての制限があるほか、水先人、鉱業権者等、
一部の職業や事業活動についても、一般的な制限が設けられてい
ます。

(5)　社会保障

　社会保障に関しては、外国人に対しても、制度上あるいは運用
上、日本国民と同様の取扱いがされるようになってきています。

　生活保護は、一部の外国人にも運用上行われており、また、国

民年金法及び児童手当法についても、難民の地位に関する条約等
への加入に伴い、外国人への適用が認められています。

10

国籍法は、どのような法律ですか。

　国籍法とは、その国の国籍について、その取得及び喪失の要件を定めた法律です。

　国籍法は、原則として、それぞれの国ごとに定められていますから、ある人がその国の国民であるかどうかは、その国の国籍法によって判断されます。

　日本では、憲法10条が「日本国民たる要件は、法律でこれを定める。」と規定しており、これに基づいて、昭和25年に現在の国籍法が制定されました。

　この国籍法は、昭和59年に大幅に改正されています（昭和60年1月1日施行）。この昭和59年の改正は、国籍法が昭和25年に制定されて以来、30年余りが経過し、その間に社会・国際情勢が大きく変化してきたことから、内容の見直しを行う必要があったことに加えて、日本政府が昭和55年に署名した「女子に対するあらゆる形態の差別の撤廃に関する条約」（女子差別撤廃条約）の批准に備えるために行われたものです。したがって、その改正の内容は、父母両系血統主義の採用（法2条）や男女の帰化条件の平等化（法5条から7条まで）等がその中心となっています。

　国籍法は、その後、最高裁判決（最大判平成20年6月4日民集62巻6号1367頁）を受け、平成20年に国籍取得の規定（法3条）等が改正され、成年年齢の引き下げ等により、平成30年に国籍法3条等が改正されるなどの改正を経ています。

　急速な国際化時代を迎え、諸外国との関わりが増え、国際結婚等も増えている現在、国籍法は、極めて重要な法律といえます。

国籍法は、どのような沿革を有するのですか。

国籍法の変遷の概要は、次のとおりです。

1　明治6年第103号布告

　日本における最初の国籍関係の立法は、明治6年第103号布告（外国人民ト婚姻差許条規）です。この布告は、国籍の得喪に関する包括的な立法ではなく、外国人との婚姻には政府の許可を要すること及び外国人との婚姻に伴う日本国籍の得喪等について規定したものでした。

2　旧民法（明治23年法律第98号）人事編

　明治23年11月29日から施行された旧憲法（大日本帝国憲法）は、その18条において、「日本臣民タルノ要件ハ法律ノ定ムル所ニ依ル」と規定していました。この憲法上の要請に応えて制定された最初の包括的な国籍立法が、明治23年の旧民法人事編第2章「国民分限」中の諸規定です。ここでは、父系血統主義、夫婦国籍同一主義、国籍非強制の原則等が採用され、帰化の要件及び方式については、別途、特別法の制定が予定されていましたが、いわゆる法典論争の結果、旧民法自体が施行されるには至らず、帰化に関する特別法も制定されませんでした。

3　明治6年第103号布告改正法律（明治31年法律第21号）

　明治6年第103号布告は、明治6年第103号布告改正法律（外国人ヲ養子又ハ入夫ト為スノ法律）によって全面改正され、日本人が外国人を養子又は入夫とする場合には、内務大臣の許可を要することとされました。

4　旧国籍法（明治32年法律第66号）

　明治32年4月1日から旧国籍法が施行され、これにより、「日本臣民タルノ要件ハ法律ノ定ムル所ニ依ル」との旧憲法18条の規定が実現されました。

　旧国籍法は、日本で施行された初めての統一的国籍法であり、出生による国籍の取得については、父系血統主義を原則とし、補充的に生地主義を採用することによって、無国籍の発生の防止に配慮していました。また、外国人の帰化を認めるとともに、外国へ帰化した者の日本国籍の喪失を規定し、身分行為又は身分関係に基づく当然の日本国籍の取得あるいは喪失を広く認めて、夫婦国籍同一主義及び親子国籍同一主義を基本として、家族制度に対する配慮も払っていました。旧国籍法は、昭和25年7月1日の国籍法の施行によって廃止されるまで効力を有していました。

5　国籍法（昭和25年法律第147号）

　昭和22年5月3日から施行された新憲法（日本国憲法）は、「日本国民たる要件は、法律でこれを定める。」（憲法10条）と規定し、国籍の得喪の要件を法律に委任するとの旧憲法の態度を継承するとともに、新たに国籍離脱の自由を保障したほか（憲法22条2項）、家族に関する事項については、「個人の尊厳と両性の本質的平等」（憲法24条2項）を立法の基本原則とすべき旨を宣言しました。そこで、この新憲法の制定の趣旨に沿って国籍法が制定され、昭和25年7月1日から施行されました。

　国籍法は、このように、新憲法の制定及びそれに基づく民法の部分改正等に対応するために制定されたものであり、許可による国籍離脱制度を廃止し、これに代わって届出による国籍離脱制度を導入することによって、国籍離脱の自由を保障し、また、婚姻、養子縁組、認知、離婚等の身分行為に基づく国籍の得喪制度を廃止して、

身分行為は国籍には影響を及ぼさないこととし、さらに、夫又は父母の国籍の変更が、当然に妻及び子の国籍の変更をもたらすとの規定を廃止して、妻及び子に対して国籍法上の独立の地位を認めました。その他、従来の家制度に立脚した諸規定を廃止したほか、法の下の平等を保障した新憲法14条の精神から、帰化者が国務大臣等の官職に就くことを制限していた規定を廃止し、また、国籍不留保による国籍の当然喪失を、生地主義を採用する全ての外国で生まれた日本国民に適用することとし、さらに、旧国籍法における国籍回復の制度を帰化の制度に統一しました。

　なお、国籍法は、以下のとおり、制定後3回大きな改正が行われています。

(1)　昭和59年改正

　　国籍法は、その制定後の国際情勢の変化及び近年における国際交流の活発化に伴う渉外婚姻の増加に対応するため、また、日本政府が昭和55年に署名した「女子に対するあらゆる形態の差別の撤廃に関する条約」（女子差別撤廃条約）の批准に備えるために、昭和59年に大幅に改正され、改正法は、昭和60年1月1日から施行されています（第12問参照）。

(2)　平成20年改正

　　国籍法3条で、準正が生じた場合に限り届出による日本国籍の取得を認め、認知されたにとどまる子と準正が生じた子との間に日本国籍の取得に関する区別を生じさせていることは、遅くとも平成15年当時には、合理的な理由のない差別として憲法14条1項に違反するなどとした最高裁判決（最大判平成20年6月4日民集62巻6号1367頁）を受け、平成20年に準正による国籍取得の規定（法3条）等が改正され、平成21年1月1日から施行されていま

す（第13問参照）。

(3)　平成30年改正

　　平成30年成年年齢の引き下げ等を内容とする平成30年の民法改正において、国籍法に定める年齢の規定が改正され、令和4年4月1日から施行されています（第14問参照）。

12

昭和59年に国籍法が改正されたのは、どのような経緯によるものですか。主要な改正点は何ですか。

1　昭和59年国籍法改正の経緯

　国籍法は、昭和25年7月1日から施行されましたが、その後の日本を取り巻く国際情勢、国内の社会情勢の変化に対応するため、内容を見直す必要があることが指摘されていました。特に、戦後の日本の国際的発展及びこれに伴う国際的な人的交流の活発化により、日本国民を一方の当事者とする渉外婚姻が増加しましたが、昭和59年改正前国籍法の下では、父系血統主義が採られていたため、日本国民である母の子でありながら、日本国籍を有しない者の数が増加することになりました。また、従来、父系血統主義を維持していた西欧諸国等が次々に父母両系血統主義を採用するに至ったという事情もあり、国籍法改正の要求が強まっていました。このような状況の中で、国籍法改正の直接の契機となったのは、日本政府が昭和55年に署名した「女子に対するあらゆる形態の差別の撤廃に関する条約」（女子差別撤廃条約）でした。同条約9条2項は、「締約国は、子の国籍に関し、女子に対して男子と同等の権利を与える。」と規定しており、同条約を批准するためには、国籍法における出生による国籍の取得に関する父系血統主義を見直す必要が生じてきました。また、国籍法が日本国民の配偶者たる外国人の帰化条件について夫であるか妻であるかによって差異を設けていたことも、同条約の趣旨からみて、改正を検討する必要がありました。

　このような経緯から、昭和59年5月25日に「国籍法及び戸籍法の一部を改正する法律」（昭和59年法律第45号）が公布され、昭和60

年1月1日から施行されています。

2　主要な改正点

　　昭和59年の国籍法改正の主要な点は、次のとおりです。

(1)　父母両系血統主義の採用

　　　出生による国籍の取得について、父系血統主義を改め、父又は母が日本国民であるときは子は出生により日本国籍を取得するという父母両系血統主義を採用しました。

(2)　準正による国籍の取得制度の新設

　　　準正（父母の婚姻及びその認知によって嫡出子になること）によって日本国民の嫡出子としての身分を取得した子について、一定の条件を満たす場合には、法務大臣に届け出ることによって日本国籍を取得することができる制度を新設しました。

(3)　帰化条件の整備

　　　日本国民の配偶者である外国人の帰化条件について、その外国人が夫であるか妻であるかにかかわらず同一の条件に改めるとともに、生計条件について、帰化申請者単位で判断していたのを改め、生計を一にする配偶者その他の親族単位で判断することとし、重国籍防止条件について、一定の場合に免除することができることにするなど、帰化条件を整備しました。

(4)　国籍の留保制度の整備

　　　国籍の留保制度は、生地主義を採用している国で生まれたことによって重国籍者となった日本国民のみに適用されていましたが、この制度の適用を、外国で生まれ、血統によって重国籍となった日本国民にも拡大することにしました。

(5)　国籍の選択制度の新設

　　　重国籍となった日本国民は、成年に達した後、一定の期限内に、

いずれかの国籍を選択しなければならないとする国籍の選択制度を新設しました。

(6) 経過措置

　経過措置として、改正法施行前に日本国民である母から生まれた子で一定の条件を満たす者については、法務大臣に届け出ることによって日本国籍を取得することができることにしました。

女子差別撤廃条約

　「女子に対するあらゆる形態の差別の撤廃に関する条約」が、昭和60年7月25日に批准され、日本について効力を生じました。日本国憲法は、両性の本質的平等を掲げており、日本は、多くの分野で男女平等の施策の枠組みを整えてきましたが、本条約の批准に当たっては、「教育」「雇用」及び「国籍」の三つの分野において、国内法の整備等が問題となりました。教育面においては、中学・高校の家庭科教育に関し男女間で異なる取扱いが存在していたのが、男女同一の取扱いに改められ、雇用面では、昭和60年5月、男女雇用機会均等法が成立し、昭和61年4月1日から施行されるなど、それぞれ解決が図られました。

　国籍については、昭和59年の国籍法改正前は、出生による国籍の取得について父系血統主義が採用されていたため（昭和59年改正法による改正前の国籍法2条1号、2号）、外国人父と日本人母との婚姻中に生まれた子は、日本国籍を取得することができませんでしたし、日本人と婚姻した外国人配偶者の帰化条件についても、夫であるか妻であるかによって差異がありました（同法5条、6条）。女子差別撤廃条約の批准に備え、昭和59年の国籍法改正により、出生による国籍の取得について父母両系血統主義が採用され（法2条1号、2号）、これによって国際結婚をした日

28

本人夫又は妻の子については、出生によって法律上当然に日本国籍を取得することが可能となりました。また、日本人の配偶者である外国人の帰化条件も男女同一となりました（法7条）。

13

平成20年に国籍法が改正されたのは、どのような経緯によるものですか。主要な改正点は何ですか。

1　平成20年国籍法改正の経緯

　　平成20年改正法による改正前の国籍法３条１項の規定について、平成20年６月４日、最高裁判所は、「日本国民である父と日本国民でない母との間に出生した後に父から認知された子について、父母の婚姻により嫡出子たる身分を取得した（準正のあった）場合に限り日本国籍の取得を認めていることによって、認知されたにとどまる子と準正のあった子の間に日本国籍の取得に関する区別を生じさせていることは、憲法14条に違反する」との判決（最大判平成20年６月４日民集62巻６号1367頁）を言い渡しました。この判決を受け、平成20年改正法による改正前の国籍法３条１項の規定を、判決の趣旨に沿った憲法に適合した内容のものとし、併せて、父の認知と届出だけで日本国籍を取得することができるものとすると、血縁上の父子関係がないにもかかわらず認知及び国籍取得の届出がされるおそれがあることから、虚偽の届出をした者に対する罰則を新設する必要がありました。

　　このような経緯から、平成20年12月12日に平成20年改正法が公布され、一部を除き、平成21年１月１日から施行されています。

2　主要な改正点

　　平成20年改正法における主要な改正点は、以下のとおりです。

(1)　認知による国籍取得

　　出生後に日本国民から認知された嫡出でない子について、他の要件を新たに付加することなく、法務大臣に届け出ることによっ

て日本国籍を取得することができることとされました（法3条1項）。

(2)　罰則の新設

　　虚偽の国籍取得の届出をした者（本人が15歳未満のときは父母などの法定代理人）に対する制裁として、1年以下の懲役又は20万円以下の罰金に処するとの罰則が設けられました（法20条）。

(3)　経過措置

　　平成20年改正法施行日（平成21年1月1日）より前に、同法による改正前の国籍法3条1項の規定する準正要件のみを満たしていないが同項の規定によるものとして日本の国籍取得の届出をしていた者について、施行日から3年以内に再度法務大臣に届出を行うことにより、日本国籍を取得することができるなどの経過措置が設けられました（平成20年改正法附則2条等）。

14

平成30年に国籍法が改正されたのは、どのような経緯によるものですか。主要な改正点は何ですか。

1　平成30年国籍法改正の経緯

　平成30年に成年年齢の引下げ等を内容とする民法の改正が行われるに当たり、民法の成年年齢が20歳であることを前提に20歳と定められている法律の年齢要件についても、成年年齢の引下げに合わせて、基本的に18歳に引き下げることとされ、国籍法の年齢要件に関する規定が改正されることとなりました（平成30年改正法附則12条）。

　なお、「民法の一部を改正する法律」（平成30年法律第59号）は平成30年6月20日に公布され、令和4年4月1日から施行されています。

2　主要な改正点

　平成30年の国籍法改正における主要な改正点は、以下のとおりです。

(1)　国籍法5条の帰化許可条件に係る年齢の引下げ

　帰化許可の条件の一つである年齢について、「20歳以上」とされていましたが、改正により、「18歳以上」に引き下げられました（法5条1項2号）。

(2)　認知による国籍取得の届出期限に係る年齢の引下げ

　認知された子の国籍取得の届出期限に係る年齢が「20歳」から「18歳」に引き下げられました（法3条1項）。

(3)　国籍選択期限に係る年齢の引下げ

　国籍選択期限に係る年齢について、日本国籍及び外国国籍を有することとなった時が「20歳」に達する以前であるときは「22

歳」に達するまで、その時が「20歳」に達した後であるときはその時から2年以内とされていましたが、改正により、その時が「18歳」に達する以前であるときは「20歳」に達するまでに、その時が「18歳」に達した後であるときはその時から2年以内に、それぞれ2歳引き下げられました（法14条1項）。

(4)　不留保者の国籍再取得の届出期限に係る年齢の引下げ

　　不留保者の国籍再取得の届出期限に係る年齢が「20歳」から「18歳」に引き下げられました。（法17条1項）

(5)　経過措置

　　(2)及び(4)の経過措置として、令和4年4月1日時点で16歳以上の者は、令和6年3月31日までの間、20歳未満であれば、なお従前の例により届け出ることができることとされ（平成30年改正法附則13条1項及び4項）、(3)の経過措置として、令和4年4月1日時点で20歳以上の重国籍者については、22歳に達するまでに（20歳に達した後に重国籍になった場合は、重国籍になった時から2年以内に）いずれかの国籍選択をすれば足り、令和4年4月1日時点で18歳以上20歳未満の重国籍者については、同日から2年以内にいずれかの国籍を選択すれば足りることとされました（平成30年改正法附則13条2項及び3項）。

15　国籍法は、どのような理念に基づいて立法されているのですか。

1　国際法上、国籍の得喪に関する立法は、各国家の専権事項であるとされています。したがって、ある国の国籍の取得及び喪失は、専ら、その国の国籍立法によって決定され、他の国がその決定に介入することはできません。

　　各国の国籍立法は、それぞれの国の歴史的沿革、人口政策、政治的・経済的事情等を考慮して制定されており、国籍の取得及び喪失の原因や態様は国によって様々となっています。

2　しかしながら、国籍立法については、次のような幾つかの理想とされる国際法上の原則があるとされており、国籍法も、これらを積極的に採り入れて、国際社会との調和を図っています。

　(1)　血統主義

　　　出生による国籍の取得については、大別して、血統主義と生地主義という二つの原則があります。

　　　日本においては、血統を重視する意識が根強く、血統は、いわば、日本人又は日本国家の同一性に関わる問題であるとの意識があります。日本における最初の国籍に関する成文法規である明治6年第103号布告においても、出生による日本国籍の取得については、血統主義が前提とされていたと考えられていますし、また、施行はされませんでしたが、旧民法人事編第2章「国民分限」においても、出生による日本国籍の取得については、血統主義を採用することが明らかにされていました。

　　　その後も、国籍法は、一貫して血統主義を採用してきましたが、

昭和59年の国籍法改正によって、それまでの父系血統主義が父母両系血統主義に改められました（第12問参照）。

(2)　国籍唯一の原則

　それぞれの国の国民の範囲は、各国家が独自に決定することができるとされていることから、ある個人について、どこの国の国籍も有しない状態、すなわち、無国籍という状態（国籍の消極的抵触）が生じたり、あるいは、複数の国籍を同時に有する状態、すなわち、重国籍という状態（国籍の積極的抵触）が生じたりすることがあります。

　無国籍者は、いずれの国にも所属しないので、権利として居住することができる国がなく、また、居住している国において不当な取扱いを受けても、外交保護権を行使してくれる国がないこととなりますし、いずれの国の旅券も取得することができず、外国への移動が制約されるという不利益を受けることもあります。

　一方、重国籍者は、二つ以上の国家に所属することから、国家が国民に対して有する対人主権が重複して及ぶこととなり、外交保護権の衝突等により国際的摩擦を生じるおそれがあります。また、国家は、その国民に対し、忠実義務、兵役義務、納税義務等、種々の義務を課すことがありますが、重国籍者は、その所属するそれぞれの国から、これらの義務の履行を要求され、場合によっては、その義務が抵触する事態も生じるおそれがあります。

　このような理由から、「人は、いずれかの国籍を有し、かつ、一個のみの国籍を有すべきである。」という国籍唯一の原則が国籍立法の一つの理想とされています。

　国籍法も、この原則にのっとり、出生による国籍の取得に関し、血統主義を原則としながら、日本で生まれた父母の知れない子に

35

対して日本国籍を付与することとし（法2条3号）、また、出生の時から無国籍である者についての帰化条件を緩和する（法8条4号）などして、無国籍者の発生を防止する一方、自己の志望により外国国籍を取得したときは、日本国籍を喪失するものとし（法11条1項）、また、外国人が日本に帰化するには、原則として、従来の国籍を失うべきことを条件とする（法5条1項5号）などして、重国籍者の発生を防止しています。さらに、いったん重国籍者となった者については、無条件で日本国籍を離脱することができるものとし（法13条）、一定の期限までにいずれかの国籍を選択することを義務付ける（法14条から16条まで）などして、その解消を図っています。

(3) 国籍自由の原則

「国家は、個人の意思に反して、自国の国籍を強制すべきでない。」という国籍自由の原則又は国籍非強制の原則は、国籍変更の自由、生来の重国籍者が抵触する国籍のいずれか一方を放棄する自由、さらには、国家は、個人の意思に反して、国内居住の事実のみによって自国の国籍を付与すべきでないとする趣旨を含むと言われています。

日本においては、国籍を離脱する自由が保障され（憲法22条2項、法13条）、また、国籍変更の自由も認められています（法11条）。旧国籍法においては、国籍の得喪について、「妻は、夫の国籍に従う。」との夫婦同一国籍の原則及び「子は、父母の国籍に従う。」との親子同一国籍の原則を採用し、婚姻、離婚、養子縁組、離縁、認知等の身分行為に伴い、あるいは、夫又は父母の国籍の得喪に伴って、妻又は子の意思にかかわらず、法律上当然に国籍の得喪が生ずることとされていましたが（旧国籍法5条、6

条、13条、15条、18条、19条、21条から23条まで)、これらは、国籍法においては、憲法24条の定める個人の尊厳と両性の平等の見地から、全て廃止され、国籍法上も個人の意思が尊重されることとなりました。

16

国籍事務は、どこで取り扱っているのですか。

　国籍法によれば、日本国籍の取得には、出生による取得（法2条）、届出による取得（法3条、17条）、帰化による取得（法5条から9条まで）があります。このうち、出生による日本国籍の取得は、父母との血縁関係あるいは日本で出生したという地縁関係に基づき、当然に生ずる効果ですが、届出による日本国籍の取得については法務大臣に対する届出が、帰化による日本国籍の取得については法務大臣に対する申請が必要とされています。また、重国籍者が日本国籍を離脱する場合にも、法務大臣への届出が必要とされています（法13条）。

　国籍の取得又は喪失に関して法務大臣への届出等が必要とされる場合には、その届出等が国籍法所定の要件を満たしているかどうかを調査することが必要になりますが、その具体的手続については、国籍法19条の委任を受けて制定された国籍法施行規則が定めています。国籍法施行規則は、国籍取得の届出及び国籍離脱の届出については、その者が日本に住所を有するときはその住所地を管轄する法務局又は地方法務局の長を経由して、その者が外国に住所を有するときはその国に駐在する日本の領事官を経由してしなければならないこととしています（施行規則1条1項、2項、3条、昭和59年改正法施行規則附則2項、平成20年改正法施行規則附則2条）。また、帰化許可の申請についても、その者の住所地を管轄する法務局又は地方法務局の長を経由してしなければならないこととしています（規則2条）。

　このように、国籍事務は、法務局又は地方法務局がこれを行うこととされており、行政組織上、法務局又は地方法務局の支局においても、これを所掌することとされています。

　なお、国籍事務は、旧憲法下においては、旧内閣官制に基づき、当初は内務省の所管とされていましたが、昭和22年５月３日の新憲法の施行とともに司法省に移管され、昭和23年２月15日の法務庁設置法の施行とともに法務庁に引き継がれました。その後、法務庁は、昭和24年６月１日に法務府と名称変更され、昭和27年８月１日に行政機構改革により、その事務は、法務省へと引き継がれました。

帰化許可者数の推移及び国籍別帰化許可者数

　帰化許可者数は、昭和28年には1,431人でしたが、現在は、１万人前後となっています。また、国籍別でみると、従前は、韓国・朝鮮及び中国が多くを占めていましたが、現在は、様々な外国の方が帰化するようになってきています。

国籍別・帰化許可者数・過去10年比較（令和３年）

区分　＼　年	平成24年	平成25年	平成26年	平成27年	平成28年	平成29年	平成30年	令和元年	令和２年	令和３年
韓国・朝鮮	5,581	4,331	4,744	5,247	5,434	5,631	4,357	4,360	4,113	3,564
中　　国	3,598	2,845	3,060	2,813	2,626	3,088	3,025	2,374	2,881	2,526
そ の 他	1,443	1,470	1,473	1,409	1,494	1,596	1,692	1,719	2,085	2,077
総　　数	10,622	8,646	9,277	9,469	9,554	10,315	9,074	8,453	9,079	8,167

国籍別帰化許可者数

法務省民事局
（単位：人）

	令和元年 (2019)		令和2年 (2020)		令和3年 (2021)	
1	韓国・朝鮮	4,360	韓国・朝鮮	4,113	韓国・朝鮮	3,564
2	中　　国	2,374	中　　国	2,881	中　　国	2,526
3	ブラジル	383	ブラジル	409	ブラジル	444
4	ベトナム	264	ベトナム	301	ベトナム	269
5	フィリピン	235	フィリピン	301	フィリピン	237
6	ペ　ル　ー	168	ペ　ル　ー	172	ペ　ル　ー	175
7	バングラデ シ　　ュ	81	バングラデ シ　　ュ	125	バングラデ シ　　ュ	129
8	ロ　シ　ア	47	ネパール	100	ネパール	108
9	アメリカ 合衆国	47	イ　ン　ド	66	スリランカ	77
10	スリランカ	46	スリランカ	55	イ　ン　ド	66
	そ　の　他	448	そ　の　他	556	そ　の　他	572
	総　　数	8,453	総　　数	9,079	総　　数	8,167

第2章　各　論

第1節　国籍の取得

第1款　総　論

17

日本国籍の取得原因には、何がありますか。

1　国籍法は、日本国籍の取得原因として、出生、帰化、届出の三つを規定しています。

2　出生による日本国籍の取得について、国籍法2条は、①出生の時に父又は母が日本国民であるとき（法2条1号）、②出生前に死亡した父が日本国民であったとき（法2条2号）、③日本で生まれた場合において、父母がともに知れないとき、又は国籍を有しないとき（法2条3号）に、子は出生によって日本国籍を取得すると規定し、出生による日本国籍の取得につき、原則として父母両系血統主義を採用し、補充的に生地主義を採用しています。

　子が出生により日本国籍を取得するためには、子と父母との親子関係が出生時に確定していることが必要です。このうち、子と母との関係については、通常、分娩の事実によって確定しますが、子と父との関係については、原則として、日本人父の嫡出子である場合か、あるいは、日本人父の胎児認知により、出生時に父子関係が確定している場合に限られます（第35問参照）。なお、これらの場合でも、将来、父子関係が否定されることとなったときには、母が子の出生当時日本国籍を有していた場合など、他に日本国籍取得の事

由がない限り、子は、出生の時に遡って日本国籍を取得しなかったことになります。

3　帰化による日本国籍の取得については、国籍法5条から9条までに、その条件が規定されています。

　まず、国籍法5条1項は、一般的な帰化の条件として、①引き続き5年以上日本に住所を有すること（住所条件）（法5条1項1号）、②18歳以上で本国法によって能力を有すること（能力条件）（法5条1項2号）、③素行が善良であること（素行条件）（法5条1項3号）、④自己又は生計を一にする配偶者その他の親族の資産又は技能によって生計を営むことができること（生計条件）（法5条1項4号）、⑤国籍を有せず、又は日本国籍の取得によってその国籍を失うべきこと（重国籍防止条件）（法5条1項5号）、⑥日本国憲法施行の日以後において、日本国憲法又はその下に成立した政府を暴力で破壊することを企て、若しくは主張し、又はこれを企て、若しくは主張する政党その他の団体を結成し、若しくはこれに加入したことがないこと（憲法遵守条件）（法5条1項6号）の六つを定めています。同条による帰化を普通帰化と呼んでいます。

　また、国籍法6条から8条までは、日本と特別の地縁又は血縁関係を有する外国人に対して、同法5条1項に規定する帰化条件の一部を免除あるいは緩和しています。さらに、国籍法9条は、日本に対して特別の功労のある外国人に対して、同法5条1項に規定する帰化条件を全部免除しています。前者を簡易帰化、後者を大帰化と呼んでいます。

　帰化を許可するかどうかは、法務大臣の自由裁量によるものとされています。したがって、国籍法の規定は、法務大臣が恣意的に帰化の許否を決することのないように一定の基準を定めたものという

ことができます。

4　届出による日本国籍の取得として、国籍法は、①認知による国籍
　の取得（法3条1項）、②不留保により国籍を喪失した者の国籍の
　再取得（法17条1項）、③官報催告により国籍を喪失した者の国籍
　の再取得（法17条2項）及び④経過措置による国籍の取得（昭和59
　年改正法附則5条及び6条、平成20年改正法附則2条から5条まで、
　平成30年改正法附則13条1項及び4項）を規定しています。

　　届出による日本国籍の取得は、帰化のように法務大臣の自由裁量
　によって国籍取得の許否が決められるのではなく、法定の条件を備
　える者から法務大臣へ適法な届出（意思表示）があったときは、そ
　の届出の時に国籍を取得することとするものです。したがって、条
　件を満たさない者の届出が誤って受理されたとしても、国籍取得の
　効果は生じません。

〔日本国籍の取得原因〕

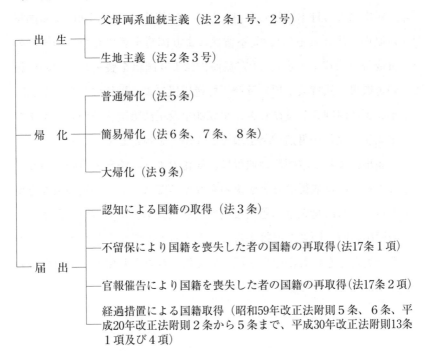

- 出　生 ── 父母両系血統主義（法2条1号、2号）
  - 生地主義（法2条3号）
- 帰　化 ── 普通帰化（法5条）
  - 簡易帰化（法6条、7条、8条）
  - 大帰化（法9条）
- 届　出 ── 認知による国籍の取得（法3条）
  - 不留保により国籍を喪失した者の国籍の再取得（法17条1項）
  - 官報催告により国籍を喪失した者の国籍の再取得（法17条2項）
  - 経過措置による国籍取得（昭和59年改正法附則5条、6条、平成20年改正法附則2条から5条まで、平成30年改正法附則13条1項及び4項）

18

婚姻、認知、養子縁組等の身分行為の結果、日本国籍を取得する場合がありますか。

　国籍法は、婚姻、認知、養子縁組等の身分行為による日本国籍の当然取得は認めていません（第11問の５、第15問の２(3)参照）。

　旧国籍法は、①日本人の妻となったとき、②日本人の入夫となったとき、③日本人である父又は母から認知されたとき、④日本人の養子となったとき、及び⑤帰化したときに、外国人は日本国籍を取得すると規定し（旧国籍法５条）、身分行為の結果として日本国籍を取得することを認めていました。また、これらの身分行為によって日本国籍を取得した者の妻や子についても、日本国籍の随従取得を認めていました（旧国籍法13条、15条）。

　しかし、旧国籍法のこれらの規定は、憲法24条の定める個人の尊厳と両性の平等の見地から、国籍法においては、全て廃止されました。

第2款　出生による国籍の取得

19

> **血統主義**とは、何ですか。

1　血統主義とは、出生による国籍の取得に関して、血縁的関係を重視し、自国民の子として生まれた者に対して、その国の領土内で生まれたかどうかを問うことなく、その国の国籍を付与する主義です。

2　血統主義は、日本をはじめ、ヨーロッパ諸国、中国、韓国、フィリピン等の諸国が採用しています。もっとも、血統主義を採る国の中には、例えば、子が無国籍となるのを防止するために、補充的に生地主義を採用している国が多くあります。

3　血統主義を採用する各国の立法例においては、かつては、父の血統を優先し、父母の一方のみを自国民とする子については、原則として父が自国民であるときに子にその国の国籍を付与するものとし、母が自国民であることによりその国の国籍を付与するのは、子が嫡出でない子であるとき又は父が無国籍であるとき等の特定の場合に限るとする父系血統主義が通例でした。しかし、1970年代後半から、父系血統主義を採用していた国の多くが、父母のいずれか一方が自国民であれば、子にその国の国籍を付与するという父母両系血統主義を採用するようになりました。現在でも父系血統主義を維持しているのは、主としてイスラム教国です。

20

生地主義とは、何ですか。

1 　生地主義とは、出生による国籍の取得に関して、地縁的関係を重視し、その国の領土内で生まれた子に対して、自国民の子であるかどうかを問うことなく、その国の国籍を付与する主義です。生地主義は、移民受入国において、移民の子孫に対して自国籍を付与し、その定着、同化等を促進する機能を有しています。

2 　生地主義は、アメリカ合衆国、カナダ、ブラジル、オーストラリア、ニュージーランド等の諸国が採用しています。生地主義を採る国も、国外で生まれた子については、補充的に血統主義を認めているのが通例です。

3 　生地主義を採る国においては、その国で出生した者に無制限に国籍を付与する制度を採る国が多いのですが、一時的な滞在者の子に国籍を付与することを防止するため、一定の要件を定める国もあります。例えば、1981年英国国籍法は、従来の無制限の生地主義を改め、英国領土内で出生した子のうち、父母の一方が英国市民か、又は英国に定住する者である場合に限り、英国国籍を付与するものとしました。これと同様の立法例は、コロンビア、チリ、マレーシア、南アフリカにも見られます。

21

諸外国では、出生による国籍の取得につき、どのような原則を採っていますか。

1　出生による国籍の取得に関する立法例には、大別して、親子の血縁関係を基準とする血統主義と、出生地との地縁関係を基準とする生地主義があります。

　　血統主義とは、出生地が自国の領土内であるかどうかを問うことなく、父又は母が自国民であればその子にもその国の国籍を付与する主義で、親子の血縁関係を基礎とするものです。血統主義には、父の国籍のみを与えるもの（父系血統主義）、母の国籍のみを与えるもの（母系血統主義）、父母の国籍のいずれも与えるもの（父母両系血統主義）があります。

　　生地主義とは、父母の国籍を問うことなく、自国の領土内で出生した子にその国の国籍を付与する主義で、出生の際の地縁関係を基礎とするものです。かつて植民地であった国家においては、多くの国々から移民を受け入れているため、血統主義を採用したのでは住民の多数が外国人となり、国家の統一が困難となることから、生地主義を採る例が多いようです。

　　日本の国籍法は、原則として血統主義（父母両系血統主義）を採用していますが（法2条1号、2号）、国籍の消極的抵触（無国籍の発生）を防ぐために、補充的に生地主義も採用しています（法2条3号）。

2　諸外国の立法例は、次のとおりです。

(1)　血統主義を原則としている国

　ア　父母両系血統主義を採る国

　　アイスランド、イタリア、インド、インドネシア、エジプト、
エチオピア、オーストリア、オランダ、ギリシャ、スウェーデ
ン、スペイン、タイ、中国、デンマーク、ドイツ、トルコ、日
本、ノールウェー、フィンランド、フランス、ブルガリア、ポ
ーランド、ルーマニア

　イ　父系血統主義を採る国

　　クウェート、スーダン、スリナム、モロッコ

(2)　生地主義を原則としている国

　　アイルランド、アメリカ合衆国、アルゼンチン、ウルグアイ、
エクアドル、エルサルバドル、カナダ、グレナダ、ザンビア、タ
ンザニア、ニュージーランド、パキスタン、パラグアイ、ブラジ
ル、ベネズエラ、ペルー、メキシコ

22

出生により日本国籍を取得するのは、どのような場合ですか。

1　日本においては、旧国籍法以来、出生による国籍の取得につき、原則として血統主義を採用していますが、国籍の消極的抵触（無国籍の発生）を防ぐために、補充的に生地主義も採用しています。なお、昭和59年の国籍法改正により、それまで採用されていた父系血統主義が父母両系血統主義に改められました。

2　血統主義によって日本国籍を取得するためには、次のいずれかの要件を満たしていなければなりません。

⑴　出生の時に父又は母が日本国民であること（法2条1号）

　　ア　子の出生時に、父又は母のいずれかが日本国籍を有していればよく、父母の日本国籍の取得原因は問いません。父又は母が日本国籍のほかに外国国籍をも有する重国籍者であっても構いません。また、父又は母が子の懐胎の時には日本国民でなかったとしても、子の出生の時に日本国民であれば足ります。逆に、子の懐胎の時に日本国民であったとしても、子の出生の時に日本国籍を喪失していれば、この要件を満たしません。

　　イ　親子関係は、事実上のものでは足りず、法律上のものでなければなりません。法律上の母子関係については、分娩の事実によって当然に発生すると解されていますが、法律上の父子関係は、父母婚姻中の嫡出子である場合か、原則として、父から胎児認知がされている場合に認められることになります（第35問参照）。

⑵　出生前に死亡した父が死亡の時に日本国民であったこと（法2

50

条2号)

これは、子の出生前に父が死亡していなければ、子は、出生により当然に日本国籍を取得し、その後に父が死亡したとしても、日本国籍の取得には影響がないこととの均衡が考慮されたものです。

3 生地主義によって日本国籍を取得するためには、次の要件を全て満たしていなければなりません（法2条3号）。

(1) 日本で出生したこと

日本国内で発見された棄児は、日本の地理的状況から、日本国内で出生したものと推定されますが、これは、飽くまで推定ですので、後日、親子関係、出生地等について新たな事実が判明すれば、その事実に基づき日本国籍の取得の有無が決定されることになります。

(2) 父母がともに知れないか、又は無国籍であること

父母がともに知れない場合とは、父母が事実上判明しないことを意味し、これに該当するのは、ほとんどが棄児の場合と思われます。

父母が無国籍である場合とは、子の出生の時に無国籍であることをいいます。国籍法は、父母がともに無国籍の場合についてのみ規定していますが、法律上の父がなく、出生の時に母が無国籍である場合や、出生前に死亡した父が死亡の時に無国籍であって、出生の時に母も無国籍である場合を含むものと解されています。

23

外国で生まれた日本人夫婦間の子の国籍は、どのようになりますか。

1 血統主義国で出生した場合

　父母との血縁関係により、子は、出生により日本国籍のみを取得することになります（法2条1号、2号）。

2 生地主義国で出生した場合

　子は、父母との血縁関係により日本国籍を取得するとともに、出生地国の国籍も取得することになります。

　しかし、国籍法は、出生により外国国籍を取得した日本国民で国外で生まれたものは、戸籍法の定めるところにより日本国籍を留保する意思を表示しなければ、その出生の時に遡って日本国籍を失うと規定していますので（法12条）、日本人夫婦間の子であっても、この国籍留保届をしない限り、出生の時に遡って血統により取得した日本国籍を喪失し、当該出生地国の国籍のみを保有することになります（第86問、第89問参照）。なお、国籍留保届をしたことにより日本国籍をそのまま保持することになり、出生地国の国籍との重国籍者となった日本人夫婦間の子は、20歳に達するまでに、いずれかの国籍を選択しなければなりません（法14条、第92問〜第94問参照）。

24

日本人夫と外国人妻の間の推定されない嫡出子も、出生により日本国籍を取得しますか。

　渉外的身分関係における準拠法を定める法の適用に関する通則法は、嫡出親子関係の成立について、子の出生当時の夫婦のいずれか一方の本国法によって子の嫡出性が認められる場合には、その子は嫡出子とすると規定していますが（通則法28条）、夫の本国法である日本民法上は、妻が婚姻中に懐胎した子は、夫の子と推定され、婚姻成立の日から200日後又は婚姻の解消若しくは取消しの日から300日以内に生まれた子は、婚姻中に懐胎したものと推定されます（民法772条）。したがって、日本民法上、婚姻成立の日から200日以内に出生した子は、嫡出性の推定は受けないことになりますが、この場合にも、血縁上の父子関係が存在する限り、子は、父からの認知等を待つまでもなく、生来の嫡出子になるものと解されています。このような推定を受けない嫡出子であっても、嫡出子であることに変わりはありませんから、この場合にも、その子は、日本人父の嫡出子として、日本国籍を取得することになります（法2条1号）。なお、この場合に、仮にその子が日本において出生し、外国人母からその子を外国人である嫡出でない子として出生届がされたとしても、その子は生来の嫡出子たる身分を失うわけではないので、その子は出生によって日本国籍を取得したことに変わりはありません。

25 日本人夫と外国人妻の間の子が日本で生まれた場合、子の国籍はどのようになりますか。また、外国で生まれた場合は、どのようになりますか。

1　日本で生まれた場合

　国籍法は、子の出生の時に父又は母の一方が日本国民であれば、子は日本国籍を取得するという父母両系血統主義を採用しており（法2条1号）、日本人夫と外国人妻との間に生まれた子は、日本国籍を取得します。

　一方、外国人母の本国法が父母両系血統主義又は母系血統主義を採っている場合には、その子は、外国人母の国籍も取得し、重国籍者となりますが、外国人母の本国法が父系血統主義を採っている場合には、その子は、父の国籍である日本国籍のみを取得することになります。

2　外国で生まれた場合

　子が生地主義を採用している国で生まれた場合には、子は、その生地主義国の国籍も取得することになりますが、生地主義国で出生したため重国籍となる場合であると、血統主義を採る国の夫婦から出生したため重国籍となる場合であるとを問わず、外国で生まれ、出生により日本と外国との重国籍となる場合には、法定期間内に戸籍法の定めるところ（戸籍法104条）により国籍留保の意思表示をしないと、出生により取得した日本国籍を出生の時に遡って喪失することになります（法12条）。

26

婚姻していない日本人父と外国人母の間に生まれた子の国籍は、どのようになりますか。

　国籍法は、出生による日本国籍の取得について、「出生の時に父又は母が日本国民であるとき」と規定していますが（法2条1号）、ここでいう父とは、法律上の父を意味し、事実上の父は含みませんので、出生時に日本人父との間に法律上の父子関係が成立しているかどうかによって、その子が日本国籍を取得するかどうかが決定されることになります。

　ところで、婚姻外の子の父子関係の成立については、子の出生当時の父の本国法が準拠法となりますが（通則法29条1項）、父の本国法である日本民法においては、父からの胎児認知がなければ、出生時において父子関係は生じないことから、子が日本国籍を取得するのは、日本人父から胎児認知がされた場合に限られることになります（第35問参照）。出生後の認知についても、遡及効が認められていますが（民法784条）、これは、親族法上の効果にとどまるものと解されています。このことは、国籍法3条が、父又は母が認知した子は、法務大臣への届出によって日本国籍を取得することができると規定して、認知に遡及効がないことを前提としていることから、明らかです。また、旧国籍法は、日本人父からの認知を日本国籍の取得原因として規定していましたが（旧国籍法5条3号）、現在の国籍法は、子の意思に基づかないで父からの認知により当然に子の国籍が変動することを認めることは憲法の精神に合致しないとの理由から、この規定を承継しませんでした。このような経緯からしても、国籍法上は、認知に遡及効を認めることができないことは明らかです。

一方、外国人母の本国の国籍法が父母両系血統主義又は母系血統主義を採っている場合、あるいは、父系血統主義を原則としながらも、父が知れない場合等について母系血統主義を補充的に採用している場合には、その子は、外国人母の国籍を取得します。なお、生地主義を採っている国で生まれた場合には、その生地主義国の国籍も取得します。

27

日本人妻と外国人夫の間の子が日本で生まれた場合、子の国籍はどのようになりますか。また、外国で生まれた場合は、どのようになりますか。

1 日本で生まれた場合

　国籍法は、子の出生の時に父又は母が日本国民であれば、子は日本国籍を取得するという父母両系血統主義を採用しており（法2条1号）、日本人母から生まれた子については、出生地にかかわりなく、当然に母子関係が成立し、母の国籍である日本国籍を取得します。

　一方、外国人父の本国法が父母両系血統主義又は父系血統主義を採用している場合には、子は、外国人父の国籍も取得することとなり、重国籍者となりますが、外国人父の本国法が母系血統主義又は生地主義を採用している場合には、日本で出生したときは、子は、母の国籍である日本国籍のみを取得することになります。

2 外国で生まれた場合

　子が生地主義を採用している国で生まれた場合には、子は、その生地主義国の国籍も取得することになります（ただし、英国等、生地主義を原則的に採用しながらも、一時的な滞在者の子への国籍の付与を制限している国もあります。）。

　また、国籍法は、出生により外国国籍を取得した日本国民で国外で生まれた者は、戸籍法の定めるところにより日本国籍を留保する意思を表示しなければ、その出生の時に遡って日本国籍を失うと規定していますので（法12条）、このように、国外で生まれ、出生によって日本国籍のほか外国国籍も取得している場合には、この国籍

留保届をしない限り、出生の時に遡って血統により取得した日本国籍を喪失し、外国国籍のみを保有することになります。

28

婚姻していない日本人母と外国人父の間に生まれた子の国籍は、どのようになりますか。

1 国籍法は、子の出生の時に父又は母が日本国民であれば、子は日本国籍を取得するいう父母両系血統主義を採用しており（法2条1号）、婚姻していない日本人母と外国人父との間の子が出生によって日本国籍を取得するには、母との法律上の母子関係が必要ということになります。父母が婚姻していない場合の母子関係の成立については、法の適用に関する通則法29条1項により、子の出生の当時の母の本国法によって判断することになりますが、日本民法上、母子関係は、分娩の事実により成立すると解されていますので、婚姻していない日本人母と外国人父との間に生まれた子も、母の国籍である日本国籍を取得します。

　一方、父子関係の成立についても、法の適用に関する通則法29条1項により、法律上の父子関係が成立しているかどうかを確定した上で、外国人父の本国法に基づき、子が父の本国の国籍を取得するかどうかを判断することになります。したがって、外国人父の本国法により、子の出生の当時において法律上の父子関係が認められ、その外国人父の本国法が父母両系血統主義又は父系血統主義を採用している場合は、子は、父との血縁関係により、父の外国国籍も取得します。

　なお、子の出生の当時に法律上の父子関係が成立していないため、父の国籍を取得しない場合でも、出生後の父からの認知により、その国の国籍の取得を認める国がありますので、この場合には、法の適用に関する通則29条2項により、認知の成否を確定した上で、子

が外国人父からの認知により父の国籍を取得するかどうかを外国人父の本国法によって判断することになります。

2　子が生地主義を採用している国で生まれた場合には、子は、その生地主義国の国籍も取得することになります（ただし、英国等、生地主義を原則的に採用しながらも、一時的な滞在者の子への国籍の付与を制限している国もあります。）。

　また、国籍法は、出生により外国国籍を取得した日本国民で国外で生まれた者は、戸籍法の定めるところにより日本国籍を留保する意思を表示しなければ、その出生の時に遡って日本国籍を失うと規定していますので（法12条）、このように、日本国外で生まれ、出生によって日本国籍のほか外国国籍も取得している場合は、この国籍留保届をしない限り、出生の時に遡って血統により取得した日本国籍を喪失し、外国国籍のみを保有することになります。

29

父が不明の場合に、外国人母から日本で生まれた子は、日本国籍を取得できますか。

1　国籍法は、無国籍の発生を防止するため、日本で生まれた子は、父母がともに知れないとき、又は国籍を有しないときは、日本国籍を取得することとしています（法2条3号）。

　「父母がともに知れないとき」とは、事実上の父母が判明しない場合のほか、事実上の父母は判明していても、その父母との間に法律上の親子関係が存在しない場合も含みます。なお、父が知れず、母が無国籍であると認められた場合も、無国籍の発生を防止する見地から、子が日本で生まれたときは、日本国籍を取得するものと解されています。ただし、これらの場合における子の日本国籍の取得は、飽くまで、暫定的・仮定的なものであって、法律上の父又は母の国籍が判明した場合には、その時点において、改めて、子の国籍が確認されることになります。

2　外国人母が日本で子を分娩した場合、母子関係については、一般に、分娩の事実によって法律上の親子関係が生ずると解されていますので、通常は、父母がともに知れないということはありません。しかし、父が知れず、外国人母が無国籍であると認められた場合、母が日本で分娩した子は、暫定的・仮定的に日本国籍を取得します。

30

出生後に日本人父が認知した外国人母の子は、日本国籍を取得しますか。出生前に日本人父が胎児認知をしていた場合は、どのようになりますか。

1　国籍法は、「出生の時に父又は母が日本国民であるとき」は、子は日本国民とすると規定しています（法2条1号）。この規定に基づいて日本国籍を取得するためには、子の出生時に日本国民である父又は母との間に法律上の親子関係が存在していなければなりません。

2　婚姻していない日本人父と外国人母との間に出生した子については、父の本国法である日本の民法上、その認知がなければ法律上の父子関係は生じませんので、子の出生時に認知がない以上は、子は、日本国籍を取得する余地がありません。また、子の出生後に認知がされたとしても、国籍法2条1号は、子の出生時に法律上の親子関係が存在することを要件としていますので、子の出生後の認知により、子が日本国籍を取得することはありません。

　　この点については、民法上、認知の効力が出生時に遡って生ずるとされている（民法784条）ことを根拠として、国籍法上も、その遡及効を認め、子は父の認知によって出生時から日本国籍を取得するとの見解があります。しかし、この見解は、立法の経緯に反したものです。すなわち、旧国籍法においては、日本国民である父の認知を独立の国籍取得原因として規定していましたが（旧国籍法5条3号）、昭和25年に制定された国籍法は、父又は子の意思に基づかずに認知により当然に国籍の変動が生ずることを認めることは憲法24条の精神に合致しないとの理由から、この旧国籍法の規定を承継

しませんでした。また、国籍法3条は、父又は母が認知した子は、法務大臣への届出によって日本国籍を取得することができると規定していますが、これは、認知の遡及効が国籍法には及ばないことを当然の前提としています。前記の見解によりますと、国籍法3条に該当する子は、認知だけで日本国籍を取得していることになりますので、同条は、全く無意味な規定ということになります。したがって、前記の見解を採用することができないことは、国籍法の文理解釈上も明らかです。

3　婚姻していない日本人父と外国人母との間に出生した子が日本国籍を取得するのは、原則として、子が胎児である間に父が認知をした場合に限られます（第35問参照）。胎児認知は、認知の当時の認知する者の本国法又は認知の当時の母の本国法のいずれの法律によってもすることができ、認知する者の本国法による場合において、認知の当時の子の本国法が第三者の承諾又は同意があることを認知の要件とするときは、その要件も備えなければなりません（通則法29条2項）。すなわち、日本人父が日本の民法により胎児認知をするためには、母の承諾（民法783条1項）を得るほか、認知の当時の子の本国法上の保護要件も満たす必要があります（通則法29条1項）。

> **31**
>
> 出生時に日本人父との父子関係が存在する外国人母の子は、出生後にそれが判明した場合であっても日本国籍を取得できますか。

1　国籍法は、「出生の時に父又は母が日本国民であるとき」は、子は日本国民とすると規定しています（法2条1号）。この規定に基づいて日本国籍を取得するためには、子の出生時に日本国民である父又は母との間に法律上の親子関係が存在していなければなりません。しかし、子の出生時に父又は母との間の法律上の親子関係が判明していることまでは、日本国籍の取得の要件とはなっていません。すなわち、出生後に、日本国民である父との間に、子の出生時における法律上の父子関係の存在が判明した子は、出生時に日本国籍を取得したことになります。

2　出生時に日本人父との父子関係の存在が判明した子の例としては、次のものがあります。

　⑴　民法上、婚姻成立の日から200日以内に出生した子は、嫡出の推定を受けませんが、日本人父との間に血縁上の父子関係がある限りは、父からの認知等を待つまでもなく、その子は、日本人父の生来の嫡出子とされます。したがって、仮に、その子が日本において出生し、外国人母からその子を外国人とする嫡出でない子として出生届がされたとしても、その子は生来の嫡出子としての身分を失うわけではないので、日本人父との父子関係が明らかになれば、出生の時に父が日本人であったことになり、その子は、出生によって日本国籍を取得したことになります。

　⑵　韓国人男性と離婚した同国人女性の胎児を、離婚後3か月目に、

日本人男性が胎児認知した場合において、その胎児が父母の離婚後300日以内に出生したときは、その子については、韓国民法上、前夫の嫡出の推定が及ぶため、嫡出でない子であるとの認知の要件を欠くことになり、胎児認知届の効力が認められないことになります。しかし、出生後に母の前夫との間に親子関係不存在確認の裁判（嫡出否認の裁判でも同様に考えられます。）が確定したときは、子は、出生時に遡って嫡出でない子となりますので、先にされた胎児認知届の効力が認められることになります。その結果、子の出生時に日本国民である父との間に法律上の父子関係が存在することになりますので、その子は、出生によって日本国籍を取得したことになります。

国籍認定

日本の戸籍には、日本人のみが記載されます。

しかし、何らかの原因で、日本国籍を失ったにもかかわらず、戸籍に記載されている場合があります。このような場合には、現在日本国籍を保有しているか否かを調査し、判断する必要があります。これが「国籍認定」と呼ばれるものです。

例えば、戸籍に記載された人が、外国の旅券を行使して入国した場合には、外国国籍の取得によって日本国籍を失っている可能性があるので、どのような経緯で外国の旅券を取得したのかを慎重に調査し、その結果、日本国籍を失っていると認められたときは、戸籍から除籍されることとなります。

32

出生時に日本人父との父子関係が存在しないことが出生後に判明した外国人母の子の日本国籍は、どのようになりますか。

1 　出生による国籍の取得について、国籍法は、原則として父母両系血統主義を採用しており、子の出生時に父又は母のいずれか一方が日本国民であれば、子は日本国籍を取得すると規定しています（法2条1号）。この規定に基づいて日本国籍を取得するためには、子の出生時に日本国民である父又は母との間に法律上の親子関係が存在していなければなりません。しかし、子の出生時に父又は母との間の法律上の親子関係が判明していることまでは、日本国籍の取得の要件とはなっていません。すなわち、出生後に、日本国民である父との間に、子の出生時における法律上の父子関係の存在が判明した子は、出生の時に日本国籍を取得したことになります。

　逆に、出生後に、日本国民である父との間に、子の出生時における法律上の父子関係が存在しないことが判明した場合には、その子は、「出生の時に父又は母が日本国民であるとき」という要件を欠くことになり、出生により日本国籍を取得することはなかったことになります。

2 　出生後に日本人父との間の父子関係が存在しないことが判明した子の例としては、次のものがあります。

(1) 　生来の嫡出子たる身分の取得については、出生又は懐胎の時に父母が婚姻関係にあること及びその父母との間に血縁上の親子関係があることが不可欠の要件ですから、例えば、日本人父と外国人母との婚姻が無効であった場合や、嫡出否認の訴え、親子関係

66

不存在確認の訴え等により父子関係が否定された場合には、子の嫡出性と父子関係が出生の時に遡って消滅しますので、子は、出生の時から嫡出子ではなかったことになり、出生により日本国籍を取得しなかったことになります。

　しかし、婚姻が取り消されたにすぎない場合には、その取消しには遡及効がありませんので、取消し前に出生した子の嫡出子たる身分には影響がなく、出生により取得した日本国籍を保有することになります。

(2)　婚姻していない日本人父と外国人母との間に出生した子については、父の本国法である日本の民法上、日本人父が胎児認知をした場合に限り、その子は、日本国籍を取得することができます（第35問参照）。しかし、認知は、血縁上の父子関係の存在を不可欠の要件としますから、真実の父以外の者からの胎児認知によって外見上日本国籍を取得したとされても、その胎児認知は、事実に反するものとして国籍法上無効であり、その子は、出生により日本国籍を取得することはなかったことになります。

33

出生前に日本人父が死亡している場合でも、外国人母の子は、日本国籍を取得できますか。

　出生による国籍の取得について、国籍法は、原則として父母両系血統主義を採用しており、子の出生時に父又は母のいずれか一方が日本国民であれば、子は日本国籍を取得すると規定しています（法2条1号）。

　このように、子の出生時における親の国籍を基準とすると、例えば、外国人母が日本人父との婚姻中に懐胎した子が、日本人父の死亡後に出生した場合には、子の出生時には日本人父がいないので、その子は、日本国籍を取得しないことになります。しかし、このような子は、父が死亡していなければ、出生によって当然に日本国籍を取得したわけですから、たまたま、その出生前に父が死亡したというだけで、日本国籍を取得しないとするのは不合理です。そこで、国籍法は、子の出生前に父が死亡していた場合でも、その父が死亡の時に日本国民であったときは、子は出生により日本国籍を取得すると規定しています（法2条2号）。

　したがって、上記の例以外にも、例えば、外国人母が日本人父との婚姻中に子を懐胎した後に、日本人父と離婚し、子の出生前に日本人父が死亡した場合や、外国人母が懐胎した子を日本人父が胎児認知し、子の出生前に日本人父が死亡した場合にも、子は、日本国籍を取得します。

34

> 棄児のように父母がともに分からない場合や、父母は分かっているが、ともに国籍を有しない場合、その子は、日本国籍を取得しますか。

1　国籍法は、出生による国籍の取得について、父母のいずれか一方が日本国民であれば、その子にも日本国籍を付与するという父母両系血統主義を原則としています（法2条1号）。しかし、この原則だけによると、日本で生まれ、父母がともに分からないときや、父母がともにどこの国の国籍も有しない無国籍者であるときは、その子は無国籍にならざるを得ないこととなります。そこで、国籍法は、無国籍者の発生を防止するため、「日本で生まれた場合において、父母がともに知れないとき、又は国籍を有しないとき」は、子は出生により日本国籍を取得すると規定しています（法2条3号）。これは、自国内で生まれた子に対して自国の国籍を付与するという生地主義を一定の条件付きで補充的に認めたものです。

2　日本国内で発見された棄児は、日本の地理的状況から、日本国内で出生したものと推定されます。また、棄児は、父母が事実上判明しませんので、「父母がともに知れないとき」に該当し、国籍法2条3号の規定により、日本国籍を取得することになります。なお、国籍法2条3号の規定は、生地主義の思想により、日本国籍を付与するものですから、棄児が人種上日本人の血統に属さないことが明らかであっても、日本国籍の取得の妨げにはなりません。

　戸籍法57条は、棄児発見の申出があったときは、市区町村長は、棄児につき、氏名、本籍を定めて、戸籍を編製すべきことを規定していますが、この取扱いは、棄児が日本国籍を取得することを前提

としたものです。

　ところで、後に、棄児の父又は母が判明した場合、どうなるのでしょうか。父母が事実上知れないことを原因とする日本国籍の取得は、親子関係が確定するまでの暫定的なものですから、後に、棄児の父又は母が判明した場合には、国籍法2条1号及び2号の規定によって、改めて子の国籍が決められるものと解されています。したがって、判明した父母の少なくとも一方が子の出生当時に外国の国籍を有する場合には、子は、出生時に遡って日本国籍を取得しなかったことになり、戸籍の記載は消除され、既に編製されている戸籍は、除かれることになります（戸籍法59条）。

3　父母がともにどこの国の国籍も有しない無国籍者である場合にも、日本で生まれた子は、国籍法2条3号の規定により、日本国籍を取得することになりますが、この父母がともに無国籍であるとの要件は、子の出生時に存在すれば足りますので、子の出生の前や後に父母が国籍を有していたとしても、日本国籍の取得の妨げとはなりません。また、父が子の出生前に死亡している場合には、父が死亡の時に無国籍であればよいと解されています。

35

外国人母から生まれた子が、出生により日本国籍を取得するのは、どのような場合ですか。

　国籍法においては、出生による日本国籍の取得について、出生の時に父又は母が日本国民であるとき、子は出生によって日本国籍を取得すると規定し、父母両系血統主義を採用しています（法2条1号）。

　この規定によって外国人母から生まれた子が日本国籍を取得するためには、父が日本国民であり、かつ、子の出生時に日本国民である父との間に法律上の父子関係が成立していることが必要です。具体的には、日本人夫と外国人妻の間の嫡出子である場合や日本人父から胎児認知がされている場合です。

　なお、外国人母の離婚後であれば、胎児認知の届出は受理されるところ（第31問参照）、外国人母が婚姻中の場合についても、客観的に見て、戸籍の記載上嫡出の推定がされなければ日本人である父により胎児認知がされたであろうと認めるべき特段の事情がある場合には、胎児認知がされた場合に準じて、国籍法2条1号の適用を認め、子は生来的に日本国籍を取得すると解するのが相当であるとした判例があります（最高裁平成9年10月17日判決民集51巻9号3925頁）。なお、外国人母の離婚後に胎児認知の届出がされた場合には、届出の時期を問わず、受理する取扱いがされています。

┌─────┐
│ 36 │
└─────┘

公海上の外国船又は日本船の中で生まれた子の国籍は、どのようになりますか。

1　国籍法は、出生による国籍の取得について、父母両系血統主義を原則とし（法2条1号）、補充的に生地主義を採用しています（同条3号）。

2　父母両系血統主義は、子がどこで生まれたかにかかわりなく、父母のいずれか一方が日本国民であれば、日本国籍を付与するものですので、公海上の外国船の中で生まれようと、日本船の中で生まれようと、父母のいずれか一方が日本国民であれば、子は、出生により日本国籍を取得します。

　ただし、公海上の外国船の中で生まれた場合には、日本国外で生まれたことになりますので、船籍国の国籍法が生地主義を採っているときは、子は、出生によりその国の国籍も取得します。したがって、戸籍法の定めるところにより、日本国籍を留保する意思を表示しなければ、出生の時に遡って日本国籍を喪失することになります（法12条）。このことは、父母のいずれか一方が日本国民で、他方が血統主義を採る外国の国籍を有する者であるため、子が重国籍者となる場合でも、同様です。

3　生地主義は、日本で生まれた子に日本国籍を付与するものですが、日本で生まれたとは、日本の領土内で生まれた場合又は日本の領海内の船舶の中で生まれた場合のほか、公海上の日本船籍の船舶の中で生まれた場合及び公空上の日本の航空機の中で生まれた場合も含むものと解されています。

　したがって、父母がともに知れないか、又は無国籍で、公海上の

日本船の中で生まれたときは、子は、日本で生まれたことになり、日本国籍を取得します。もっとも、船の中で生まれた子については、通常は、母が知れていると思われ、母子関係は、分娩の事実によって生じますので、父母がともに知れない場合に当たるとして日本国籍を取得する例は、ほとんどないと思われます。

就籍

日本には、戸籍制度があり、全ての日本国民は、戸籍に記載される建前となっています。ところが、生来の日本人でありながら、血縁上の父でない夫又は元夫が子の父として記載されることを回避するために出生届をしない場合、出生届出義務者の死亡、行方不明等により出生届がされなかった場合のように、戸籍に記載されていない者がいます。また、本籍が不明のため、戸籍の有無が明らかでない者もいます。こうした者について、戸籍に記載する手続の一つに就籍があります。

就籍をするには、就籍をしようとする地の家庭裁判所に就籍許可の審判を申し立てる必要があります。家庭裁判所では、申立てがあると、その内容について職権で調査を行い、申立人が日本人でありながら戸籍に記載されていないことを確認して、就籍を許可する審判を行います。申立人は、就籍許可の審判があると、許可の日から10日以内に、就籍の届出をしなければなりません。また、親子関係確認訴訟や国籍確認訴訟の確定判決によって就籍の届出をすべき場合も同様です。

37

> **父系血統主義を採用していた昭和59年改正前国籍法の施行当時に外国人父と日本人母との婚姻中に生まれた子は、父母両系血統主義を採用した昭和59年改正国籍法の施行により当然に日本国籍を取得するのですか。**

1　父母両系血統主義を原則とする昭和59年改正法は、昭和60年1月1日から施行されましたが、その施行前に生まれた子について、遡って適用するという規定はありませんので、父母両系血統主義は、改正法施行日以後に生まれた子、すなわち、昭和60年1月1日以降に生まれた子について適用されます。したがって、昭和59年改正法の施行前に外国人父と日本人母との婚姻中に生まれた子については、昭和59年改正法による改正前国籍法の父系血統主義が適用されますので、子は、出生により日本国籍を取得することはありませんし、また、昭和59年改正法の施行によって当然に日本国籍を与えられるものでもありません。

2　その結果、外国人父と日本人母との婚姻中に生まれた子は、昭和59年改正法の施行日以後に生まれた場合には日本国籍を取得するのに対し、その施行日前に生まれた場合には日本国籍を取得しないという不均衡が生ずることになります。そこで、この不均衡を是正するため、経過措置として、昭和40年1月1日から昭和59年12月31日までに生まれた者については、その出生時に母が日本国民であり、かつ、現在も（死亡しているときは、死亡の時に）日本国民であるときは、昭和59年改正法の施行日から3年以内に限り、法務大臣に届け出ることによって日本国籍を取得することができることとし、さらに、この届出によって日本国籍を取得した者の子も、同様に、

届出によって日本国籍を取得することができることとされました（昭和59年改正法附則5条、6条）。

3　この届出による日本国籍の取得は、特例として、昭和59年改正法の施行日から3年間に限って認められたものであり、この届出期間は、既に経過していますので、今では、この届出をすることはできません。ただし、天災など届出をすべき者の責めに帰することができない事由により、3年内に届出ができなかったときは、届出が可能となった時から3か月以内に届け出れば、日本国籍の取得が認められることとされています（昭和59年改正法附則5条3項、6条2項）。しかし、現実的には、このような事由があると認められる例は少ないと思われますので、昭和59年改正法による改正前の国籍法の施行当時に外国人父と日本人母との婚姻中に生まれた子が日本国籍を取得するためには、一般的には、帰化によることになります。なお、帰化による場合には、このような子は、日本国民の子として、帰化の条件が一部緩和又は免除されています（法8条1号）。

第3款　届出による国籍の取得

38

届出だけで日本国籍を取得できるのは、どのような場合ですか。

1　届出による日本国籍の取得は、一定の条件を有する者が、法務大臣に対する届出により、その届出の時に当然に日本国籍を取得するという制度です。この制度は、昭和59年の国籍法改正によって設けられました。なお、届出による国籍の取得の要件を満たしていても、帰化許可の申請をすることは、差し支えありません。

2　届出により国籍を取得することができるのは、次の六つの場合です。

(1)　認知による国籍の取得（法3条1項）

　　日本人父と外国人母の間に生まれた子は、出生の時に父母が婚姻していなければ、原則として、父が胎児認知をしている場合を除き、出生時に父との間に法律上の父子関係が生じていませんので、日本国籍を取得することができませんが（第35問参照）、このような子のうち、父又は母が認知した子で、18歳未満のもの（日本国民であったものは除外します。）は、認知をした父又は母が、子の出生時に日本国民であって、しかも、届出の時（死亡していれば、死亡の時）にも日本国民であるときは、法務大臣への届出により、日本国籍を取得することができます。

(2)　不留保により国籍を喪失した者の国籍の再取得（法17条1項）

　　外国で生まれ、出生によって日本国籍のほかに外国国籍も取得した者は、出生の日から3か月以内に、出生届とともに日本国籍

76

を留保する届出をしなければ、出生の時に遡って日本国籍を失うこととされていますが（法12条、戸籍法104条）、この留保の届出をしないことにより日本国籍を失った者で、18歳未満のものは、日本に住所を有するときは、法務大臣への届出により、日本国籍を再取得することができます。

⑶　官報催告により国籍を喪失した者の国籍の再取得（法17条2項）

　官報によって法務大臣から国籍選択の催告を受けたにもかかわらず、1か月以内に日本国籍を選択しなかったことによって日本国籍を失った者は、重国籍とならないことを条件として、日本国籍を失ったことを知った時から1年以内に法務大臣に届け出ることにより、日本国籍を再取得することができます。

　昭和59年改正法は、重国籍を可能な限り解消するため、重国籍になった者は、一定の期限までに、いずれかの国籍を選択しなければならないものとする国籍の選択制度を設けました（法14条1項）。そして、この期限までに国籍の選択をしない者に対し、法務大臣は、書面により国籍の選択をすべきことを催告することができることとし、催告を受けた者は、1か月以内に日本国籍を選択しなければ、その期間経過時に日本国籍を喪失することとされました（法15条1項、3項）。この催告は、重国籍者の所在が不明な場合などには、官報に掲載してすることができるとされていますが（法15条2項）、この場合には、重国籍者が催告されていることを知らないのが通常であると考えられますので、官報による催告によって日本国籍を喪失した者については、法務大臣への届出により日本国籍を再取得することができることとされたものです。

(4)　経過措置による国籍の取得（昭和59年改正法附則5条、6条）

　　昭和59年の国籍法改正の際に、経過措置として、昭和40年1月
1日から昭和59年12月31日までに生まれた者で、その出生時に母
が日本国民であり、かつ、現在も（死亡しているときは、死亡の
時に）日本国民であるときは、昭和59年改正法の施行日から3年
以内に限って、法務大臣に届け出ることにより、日本国籍を取得
することができることとし、さらに、この届出によって日本国籍
を取得した者の子も、同様に届出によって日本国籍を取得するこ
とができることとしましたが（昭和59年改正法附則5条、6条）、
この届出期間は、既に経過していますので、天災など届出をすべ
き者の責めに帰することができない事由によって期間内に届出が
できなかった場合を除いては、もはや、この届出をすることはで
きません。

(5)　経過措置による国籍の取得（平成20年改正法附則2条、3条、
4条、5条）

　　平成20年の国籍法改正の際に、経過措置として、昭和60年1月
1日から平成20年6月4日までに従前の届出（平成20年改正法に
よる改正前の国籍法3条1項の規定によるものとしてされた届
出）をした者で、平成20年改正法による改正後の国籍法3条1項
の要件に該当することとなる者は、平成20年改正法の施行日から
3年以内に限って、法務大臣に届け出ることにより、日本国籍を
取得することができることとし（平成20年改正法附則2条1項）、
平成20年6月5日から同年12月31日までに従前の届出をし、改正
後の国籍法3条1項の要件に該当することとなる者は、改正法の
施行日に、日本国籍を取得することとし（平成20年改正法附則3
条1項）、昭和58年1月2日以後に生まれた者で、生まれた時に

父が日本人であり、20歳に達するまでにその父に認知された者は、改正法の施行日から3年以内に限って、法務大臣に届け出ることにより、日本国籍を取得することができることとし（平成20年改正法附則4条1項）、さらに、この届出等によって日本国籍を取得した者の子も、同様の届出によって日本国籍を取得することができることとしましたが（平成20年改正法附則5条1項）、この届出期間は、既に経過していますので、天災など届出をすべき者の責めに帰することができない事由によって期間内に届出ができなかった場合を除いては、もはや、この届出をすることはできません（平成20年改正法附則6条）。

(6)　経過措置による国籍の取得（平成30年改正法附則13条1項及び4項）

　成年年齢の引下げ等を内容とする平成30年の民法改正に伴う国籍法3条及び17条による国籍取得に係る年齢の引下げの際に、経過措置として、令和4年4月1日に平成30年改正法による改正前の国籍法3条1項に規定する要件（法務大臣に届け出ることを除く。）に該当する者であって16歳以上のものは、施行日から2年以内に限って、20歳未満であれば、法務大臣に届け出ることにより日本国籍を取得することができることとし（平成30年改正法附則13条1項）、また、令和4年4月1日に国籍法12条の規定により日本国籍を失っていた者で16歳以上のものは、施行日から2年以内に限って、20歳未満であれば、法務大臣に届け出ることにより日本国籍を取得することができることとされました（平成30年改正法附則13条4項）。

39

日本人父と外国人母の婚姻前に生まれた子が、父から認知された場合、当然に日本国籍を取得しますか。

1　日本人父と外国人母との婚姻前に生まれた子は、父から胎児認知されている場合を除き、出生によって日本国籍を取得することはありません（第35問参照）。しかし、その後に父から認知され、一定の条件を満たしていれば、法務大臣に対する届出により、届出の時に当然に日本国籍を取得することができます（法3条）。これは、認知による国籍の取得といわれ、昭和59年及び平成20年の国籍法改正により設けられた簡易な手続による国籍の取得制度です。

2　認知による国籍の取得の条件は、次のとおりです。

(1)　父から認知されたこと

　　認知の成否は、法の適用に関する通則法の指定する準拠法によって決定されます。実質的要件に関しては同法29条が、その方式に関しては同法34条が、それぞれ適用されます。

(2)　子が18歳未満であること

　　この条件は、届出の時に存在することが必要です。したがって、認知された時に18歳未満であっても、届出の時に18歳以上である場合には、届出をすることができません。なお、令和6年3月31日までは、20歳未満の者も届出をすることができます（平成30年改正法附則13条1項）。

(3)　認知をした父が子の出生時に日本国民であったこと

　　父は、日本国籍のほかに外国国籍を有する重国籍者であっても、また、帰化等により日本国籍を有することとなった者であっても、差し支えありません。

⑷ 認知をした父が現に日本国民であること（認知をした父が死亡
　しているときは、その死亡の時に日本国民であったこと）

　　「現に」とは、法務大臣に対する「届出の時に」という意味で
す。したがって、認知をした父は、子の出生時及び国籍取得の届
出時には日本国籍を有していなければなりませんが、その中間の
時、例えば、認知の時に日本国籍を有していなくても、差し支え
ありません。

⑸ 日本国民であった者でないこと

　　この制度は、出生による国籍の取得を補完するものですから、
かつて日本国籍を有していた者は、対象となりません。

40

外国で生まれた日本人夫婦の子で、出生により外国国籍を取得したものが、国籍留保の届出をしなかったため、日本国籍を喪失した場合、日本国籍を再取得するには、何をすればよいのですか。

1　国籍留保の届出をしなかったために日本国籍を喪失した者が日本国籍を再取得するためには、かつては、帰化による以外には方法がありませんでしたが、昭和59年の国籍法改正（昭和60年1月1日施行）により、帰化によるほか、一定の要件を満たす者については、法務大臣に対する届出によって日本国籍を再取得することができることとされました（法17条1項）。

2　不留保により国籍を喪失した者の国籍の再取得の条件は、次のとおりです。

(1)　不留保により日本国籍を喪失したこと

　　国籍を留保しなかったことにより日本国籍を喪失したことが必要です。その後に他の国の国籍を取得していても、差し支えありません。

(2)　18歳未満であること

　　この条件は、届出の時に存在することが必要です。なお、令和6年3月31日までは、20歳未満の者も届出をすることができます（平成30年改正法附則13条4項）。

　　18歳以上の者で、日本に住所を有するものについては、帰化によることとなります。この場合には、日本国籍を失った者として、帰化の条件が一部緩和又は免除されています（法8条3号）。

(3)　日本に住所を有すること

　　届出の時に、生活の本拠が日本にあることが必要です。したがって、観光や親族訪問等の目的で日本に滞在している場合などには、この条件を満たしません。

3　昭和60年1月1日より前に生地主義国で出生し、昭和59年改正法による改正前の国籍法9条の規定により、不留保のために日本国籍を喪失した者も、20歳未満で、日本に住所を有するときは、届出により日本国籍を再取得することができるとされていました（昭和59年改正法附則4条）。

4　不留保により国籍を喪失した者の国籍の再取得については、帰化とは異なり、いわゆる重国籍防止条件がないことから、日本国籍を再取得した者が、それによって外国国籍を喪失せず、日本と外国との重国籍者となることがありますが、この場合には、その者は、20歳に達するまでに、いずれかの国籍を選択しなければなりません（法14条1項）。

41

> 昭和59年の国籍法改正により父母両系血統主義が採られ
> る前に日本人母から生まれた子が日本国籍を取得するには、
> 何をすればよいのですか。また、その子については、どの
> ようになりますか。

1　昭和59年の国籍法改正前は、出生による国籍の取得について、父
　系血統主義が採られていたため、日本人母と外国人父との間に生ま
　れた子（嫡出子又は父から胎児認知された子）は、日本国籍を取得
　することができませんでしたが、昭和59年の国籍法改正により父母
　両系血統主義が採られたことから、昭和59年改正法が施行された昭
　和60年1月1日以降は、そのような子も、日本国籍を取得すること
　となりました。そこで、この改正の前後による日本国籍の取得につ
　いての不均衡を是正するため、昭和59年改正法は、経過措置として、
　その施行前に生まれた者についても、一定の条件の下で、法務大臣
　への届出により日本国籍を取得することができることとし、さらに、
　この届出によって日本国籍を取得した者の子についても、同様に、
　届出により日本国籍を取得することができることとしました（昭和
　59年改正法附則5条、6条）。

2　昭和59年の国籍法改正の際の経過措置による国籍の取得の条件は、
　次のとおりです（昭和59年改正法附則5条）。

　(1)　昭和40年1月1日から昭和59年12月31日までに生まれた者であ
　　ること

　(2)　日本国民であったことがないこと

　(3)　子の出生時に母が日本国民であったこと
　　　母は、日本国籍のほかに外国国籍を有する重国籍者であっても、

84

また、帰化等により日本国籍を有することとなった者でも、差し支えありません。

(4) 母が現に日本国民であること（母が死亡しているときは、その死亡の時に日本国民であったこと）

「現に」とは、法務大臣に対する「届出の時に」という意味です。

(5) 昭和60年1月1日から3年以内（天災その他届出人の責めに帰することができない事由により期間内に届出ができないときは、届出が可能となった時から3か月以内）に届け出ること

3 昭和59年改正法附則5条により日本国籍を取得した者の子の国籍の取得の条件は、次のとおりです（昭和59年改正法附則6条）。

(1) 父又は母が昭和59年改正法附則5条により日本国籍を取得した者であること

父又は母の昭和59年改正法附則5条の届出と子の昭和59年改正法附則6条の届出を同時にしても、差し支えありません。

(2) 日本国民であったことがないこと

(3) 父又は母が養親でないこと及び出生後に認知した者でないこと

これは、父又は母が養親であるとき、又は出生後に認知した者であるときは、子の出生時には、その父又は母との間に法律上の親子関係がないため、改正後の国籍法2条1号を適用したとしても、子は、日本国籍を取得することがないからです。

(4) 昭和60年1月1日から3年以内（天災その他届出人の責めに帰することができない事由により期間内に届出ができないときは、届出が可能となった時から3か月以内）に届け出ること

昭和59年改正法附則による国籍の取得は、同法の施行日から3年を経過した後でも、できますか。

1　昭和59年改正法附則5条及び6条による国籍の取得は、同法の施行日（昭和60年1月1日）から3年以内に限って認められています。したがって、この届出は、昭和62年12月31日までにしなければなりませんが、天災その他届出人の責めに帰することができない事由により期間内に届出ができないときは、届出が可能となった時から3か月以内に届け出れば、日本国籍を取得することができることとされています（昭和59年改正法附則5条3項、6条2項）。

2　「天災その他その責めに帰することができない事由」とは、天災等による交通途絶が通常考えられますが、そのほかには、戦争、伝染病発生による外出禁止等もこれに該当すると思われます。国籍取得の届出は、外国に住所を有する者については、外国にある日本の在外公館を経由してすることとされていますから、届出人が在外公館の置かれていない国から何らかの事情によって出国することができない場合や、中国人として育てられた中国残留孤児につき、国籍認定によって日本人であることが判明した場合などには、この事由に該当することが多いものと思われますが、この事由に該当するかどうかは、個別具体的な事情やその国の実情等を総合的に考慮して個別に判断することになります。

43

国籍取得の届出は、どのように行うのですか。

1　国籍取得の届出は、法務大臣に対してしなければなりませんが、その類型によって、経由すべき場所が異なっています。

⑴　日本に住所を有することが国籍取得の条件とされている場合
　　国籍法17条１項に規定する不留保により国籍を喪失した者の国籍の再取得の場合には、その住所地を管轄する法務局又は地方法務局の長を経由して届出をしなければなりません（施行規則１条２項）。

⑵　日本に住所を有することが国籍取得の条件とされていない場合
　　国籍法３条１項に規定する認知による国籍の取得の場合、同法17条２項に規定する官報催告により国籍を喪失した者の国籍の再取得の場合及び経過措置による国籍の取得の場合には、その者が日本に住所を有するときはその住所地を管轄する法務局又は地方法務局の長を経由して、その者が外国に住所を有するときはその国に駐在する日本の領事官を経由して届出をしなければならないとされています。その国に日本の領事官が駐在していない場合には、その国を兼轄する近隣国に駐在する日本の領事官を経由して届出をすることになります。ただし、その者が外国に住所を有する場合であっても日本に居所を有するときは、その居所地を管轄する法務局又は地方法務局の長を経由して届出をすることができます（施行規則１条１項、附則２項、平成20年改正省令２条）。

2　国籍取得の届出は、その者が自ら法務局、地方法務局又は在外公館に出頭して、書面でしなければなりません（施行規則１条３項）。国籍取得の届出の用紙（244〜264頁参照）は、法務局、地方法務局

又は在外公館に備え付けられています。国籍取得の届出をしようと
する者は、この届出用紙に本人の氏名・国籍・生年月日・出生場
所・父母の氏名・本籍（又は国籍）・国籍を取得すべき事由等の所
定の事項を記載し、写真を貼り、署名し、国籍取得の条件を備えて
いることを証するに足りる書類を添付しなければなりません（施行
規則1条6項）。なお、認知による国籍取得の届出においては、①
認知した父又は母の出生時からの戸籍及び除かれた戸籍の謄本又は
全部事項証明書、②国籍の取得をしようとする者の出生を証する書
面、③認知に至った経緯等を記載した父母の申述書、④母が国籍の
取得をしようとする者を懐胎した時期に係る父母の渡航履歴を証す
る書面、⑤その他実親子関係を認めるに足りる資料を添付しなけれ
ばならないこととされています（施行規則1条5項）。ただし、や
むを得ない理由により、③又は④の書類を添付することができない
ときは、その理由を記載した書類を提出し、認知の裁判が確定して
いるときは、③から⑤までの書類の添付を要しません（施行規則1
条5項ただし書）。

3　国籍を取得しようとする者が15歳未満のときは、法定代理人が代
わって届出をしなければなりません（法18条）。この場合には、届
書に法定代理人の氏名、住所及び資格を記載し、その資格を証明す
る書面として、例えば、父又は母の戸籍謄本を添付しなければなり
ません（施行規則4条）。

4　届書に添付した書類が外国語によって作成されているときは、そ
の書類に翻訳者を明らかにした訳文も添付しなければなりません
（施行規則5条）。

44

届出による国籍取得の手続は、外国でもできるのですか。

　届出による国籍の取得とは、法定の条件を備える者から法務大臣へ適法な届出があったとき、その届出の時に日本国籍を取得するというものですが、その具体的な手続については、国籍法19条の委任を受けて制定された国籍法施行規則で定められています。国籍法施行規則1条1項では、国籍を取得しようとする者が日本に住所を有するときはその住所地を管轄する法務局又は地方法務局の長を経由して、その者が外国に住所を有するときはその国に駐在する日本の領事官を経由して届出をしなければならないとされています。その国に日本の領事官が駐在していない場合には、その国を兼轄する近隣国に駐在する日本の領事官を経由して届出をすることになります。ただし、その者が外国に住所を有する場合であっても日本に居所を有するときは、その居所地を管轄する法務局又は地方法務局の長を経由して届出をすることができます（施行規則1条1項、附則2項、平成20年改正省令2条）。

　なお、届出による日本国籍の取得のうち、不留保により日本国籍を喪失した者の国籍の再取得については、日本に住所を有することが条件となっていますので（法17条1項）、在外公館では手続ができないことになります（附則1条2項）。

45

国籍取得の届出の効果について教えてください。また、その効力は、いつ生ずるのですか。

1　国籍取得の届出により、その本人は、日本国民としての地位を取得します。

　　この効果は、国籍取得の届出によって日本国籍を取得した本人のみに生じ、その配偶者や子などの親族には及びません。なお、昭和59年改正法附則5条又は平成20年改正法附則2条の経過措置によって日本国籍を取得した者の子は、一定の条件の下で、届出によって日本国籍を取得することができます（第41問参照）が、これは、別個の届出による効果です（昭和59年改正法附則6条、平成20年改正法附則5条）。

2　国籍取得の届出の効力は、届出の時に生じ、平成20年改正法附則2条1項の届出をした者のうち、平成15年1月1日以後に従前の届出をした者にあっては、当該従前の届出の時に遡って生じます（法3条2項、17条3項、昭和59年改正法附則5条4項、6条2項、平成20年改正法附則2条3項、3条2項、4条2項、5条2項）。国籍取得の届出は、法務大臣の許可を要するものではなく、本人の届出という意思表示のみによって効力を生ずる単独行為です。この届出は、法務局、地方法務局又は在外公館を経由して法務大臣にされますが、その窓口において要件を満たすものとして受け付けられた時に法務大臣に到達したものとみなされ、国籍取得の効力が生じます。届出を受け付ける際には、受付の年月日時分を届書に記載することとされていますが、在外公館に届出がされた場合でも、届出の時点は日本時間が基準となります。

3 　国籍取得の届出の効力は、届出の時から将来に向かって生じ、平成20年改正法附則2条1項の届出をした者のうち、平成15年1月1日以後に従前の届出をした者を除き、過去に遡って生ずることはありません。したがって、日本国籍の不留保者や国籍選択の官報催告を受けて日本国籍を喪失した者が届出により国籍を再取得する場合でも、その喪失時にまで遡って日本国籍を有していたということにはなりません。

4 　国籍取得の届出によって日本国籍を取得した者がそれまで保有していた外国国籍を喪失するかどうかは、その外国の国籍法によって決定されます。国籍取得の届出による日本国籍の取得は、自己の志望による国籍の取得ですので、日本の国籍法11条のように、自己の志望によって外国国籍を取得した場合には、当然に自国の国籍を喪失するとの法制を採る国の場合には、届出による日本国籍の取得と同時にその外国の国籍を喪失することとなります。

46

国籍取得の届出が受理された場合、戸籍は、どのようになりますか。

1　国籍取得の届出が受理されると、受理の時に日本国籍の取得の効果が生じますが、それによって自動的に日本の戸籍に記載されるわけではありません。日本国籍の取得者は、取得の日から１か月以内（国外にいるときは、３か月以内）に、戸籍法上の国籍取得の届出をしなければなりません（戸籍法102条１項）。この届出に基づいて初めて、国籍を取得した者は、戸籍に記載されることになります。

2　この届出は、既に日本国籍を取得したという事実を戸籍に記載することを求める届出（報告的届出）であり、義務的なものです。届出義務者は、日本国籍を取得した者が未成年者又は成年被後見人であるときは法定代理人である親権を行う者又は後見人（未成年者又は成年被後見人に届出義務はありませんが、意思能力があれば、届出をすることができます。）です（戸籍法31条）。

3　戸籍法上の国籍取得の届出は、国籍取得証明書を添付して、日本国籍を取得した本人の本籍地又は届出人の住所地の市区町村（外国に在るときは、その国にある在外公館）でしなければなりません（戸籍法25条、40条）。

4　国籍取得の届出が受理されると、日本国籍を取得した者は、以下のとおり、日本国民である父母の氏を称し、又は新たな氏を定め、原則として、その戸籍に入ることとなります。

(1)　認知（準正により嫡出子たる身分を取得した者に限る。）により国籍を取得した者（法３条）は、準正時（準正前に父母が離婚しているときは、離婚時）の父母の氏

(2)　不留保により国籍を喪失した者で国籍を再取得したもの（法17
　条1項）又は昭和59年改正法附則4条の経過措置による国籍取得
　者は、出生時の父又は母の氏

(3)　国籍選択の官報催告により国籍を喪失した者で国籍を再取得し
　たもの（法17条2項）は、国籍喪失時の氏

(4)　昭和59年改正法附則5条の経過措置により国籍を取得した者は、
　出生時の母の氏

(5)　昭和59年改正法附則6条の経過措置により国籍を取得した者は、
　(4)の父母の氏

(6)　国籍法3条（(1)に該当する者を除く。）、平成20年改正法附則2
　条又は4条により国籍を取得した者は、新たに定めた氏。ただし、
　国籍を取得した者が国籍取得時に日本人の養子であるときは養親
　の氏、国籍を取得した者が国籍取得時に日本人の配偶者であると
　きは、国籍取得の届出において日本人配偶者とともに届け出る氏

第4款　帰化による国籍の取得

47

帰化とは、何ですか。

1　帰化とは、その国の国籍を有しない者からの国籍の取得を希望する旨の意思表示に対して、国家が許可を与えることによって、その国の国籍を与える制度です。日本においては、帰化の許可は、法務大臣の権限とされています（法4条2項）。

2　帰化は、日本国籍の取得を希望する者に対して日本国籍を与えるものですから、その申請は、申請者の真正な帰化意思に基づくものでなければなりません。帰化が許可されると、日本国籍を取得するとともに、原則としてそれまで有していた国籍を喪失し（法5条1項5号）、その公法上の地位に重大な結果をもたらしますので、帰化許可の申請が本人の意思に基づくことが必要不可欠です。本人に帰化意思がない場合にされた帰化の許可は、無効です。

3　帰化を許可するかどうか、また、その条件をどのように定めるかは、国家という共同体の構成員としてどのような者を受け入れるべきかという問題ですから、国家が自由に決定することができます。

94

48

帰化の条件としては、どのようなものがありますか。

1　帰化の一般的な条件は、国籍法5条に規定されていますが、これ
らの条件を満たしているからといって、必ずしも帰化が許可される
とは限りません。すなわち、国籍法5条は、法務大臣の自由裁量に
よる帰化の許可について最低の条件を定めたものです。

2　帰化の一般的な条件は、次のとおりです。

(1)　住所条件（法5条1項1号）

　　引き続き5年以上日本に住所を有することが必要です。住所と
は、生活の本拠を意味し、適法なものでなければなりませんので、
不法入国者等は、この条件を満たさないことになります。

(2)　能力条件（法5条1項2号）

　　18歳以上であって、本国法上も能力者（成年）であることが必
要です。したがって、例えば、ブラジルのように21歳以上を成年
とする国の国民である場合には、申請者は21歳以上でなければな
りません。ただし、父母とともに未成年の子が帰化する場合には、
父母の帰化が許可されると、その子は、日本国民の子となります
ので、この条件を満たす必要はありません（法8条1号）。

(3)　素行条件（法5条1項3号）

　　素行が善良であることが必要です。素行が善良であるかどうか
は、犯罪歴の有無や態様、納税状況や社会への迷惑の有無等を考
慮して、通常人を基準として、社会通念によって判断されます。

(4)　生計条件（法5条1項4号）

　　自己又は生計を一にする配偶者その他の親族の資産又は技能に
よって生計を営むことができることが必要です。公共の負担とな

ることなく、将来的にも安定した生活を営むことができなければなりません。この条件は、生計を一つにする親族単位で判断されますので、子に扶養されている老親や、妻に扶養されている夫でも、この条件を満たしていることになります。また、生計を一にする親族とは、世帯を同じくする親族とは異なり、必ずしも同居している必要はありませんから、親からの仕送りによって生活している学生も、この条件を満たしていることになります。

(5)　重国籍防止条件（法5条1項5号）

　　帰化の結果、重国籍となることは、国籍唯一の原則（第15問参照）に反することとなりますので、帰化しようとする者は、無国籍であるか、原則として帰化によってそれまでの国籍を喪失することが必要です。なお、例外として、本人の意思によってその国の国籍を喪失することができない場合であって、かつ、日本国民の配偶者や子等であることにより日本と密接な関係を有する者、あるいは、難民等特に人道上の配慮を要する者については、この条件を備えていなくても、帰化を許可することができます（法5条2項）。

(6)　憲法遵守条件（法5条1項6号）

　　政府を暴力で破壊することを企てたり、主張したりするような者については、帰化が許可されません。

49

住所条件とは、何ですか。住所条件を欠くのは、どのような場合ですか。

1 帰化が許可されるための住所条件として、国籍法は、「引き続き5年以上日本に住所を有すること」を要求しています（法5条1項1号）。

　このような住所条件が要求されるのは、国家が地縁共同体としての性格を持つものである以上、日本との地縁的関係が生じている者に限って国籍を付与することが妥当と考えられ、また、日本社会へ同化していないと、その後の社会生活において本人及び社会にとっても支障が生じかねないからです。

　ここにいう「日本」とは、日本の領土、すなわち、日本の主権が及ぶ地域を指しています。「住所」とは、民法22条に定める各人の生活の本拠のことであり、ある人の一般の生活関係においてその中心をなす場所のことですので、居所は、これには含まれません。

　「引き続き5年以上」とは、帰化の許否判断がされる時まで、5年以上継続して居住していなければならないことを意味しており、この居住は、帰化許可の決定がされる時まで継続していなければなりません。

2 日本における居住が通算して5年以上であったとしても、途中で中断していれば、住所条件は満たさないことになります。また、帰化許可の申請時に住所要件を満たしていたとしても、帰化が許可される時までに日本を出国していれば、住所条件を満たさないことになる場合があります。例えば、出国の際に再入国の許可を得て、一時的に短期間出国した者で、その期間内に再入国したものについて

は、外国にいた間も継続して日本に住所を有しているものと解される余地がありますが、その期間内に再入国せず、現に外国に居住している者については、「引き続き」の条件を欠くこととなり、住所条件を満たさないこととなります。

なお、「住所」は、適法なものでなければなりませんので、不法入国者等、正当な在留資格を有しない者は、仮に、日本に生活の本拠があったとしても、住所条件を満たさないことになります。

外国人登録制度から新しい在留管理制度へ

従前、日本に在留する外国人には、外国人の居住関係及び身分関係を把握して、在留外国人の公正な管理に資することを目的とする外国人登録制度が適用され、一定の期限までに居住地の市区町村長に対して、外国人登録の申請をしなければならないこととされており、外国人登録原票に氏名、居住地等が記載され、出入国管理行政をはじめ、教育、福祉、医療、徴税等日本に在留する外国人に係る各般の行政に不可欠な資料として活用されていました。

その後、平成24年7月9日に、外国人の公正な在留の確保に資するため、我が国に在留資格をもって中長期間在留する外国人を対象とした新しい在留管理制度が施行されるとともに、住民基本台帳法が改正され、国外から転入した外国人は、居住地の市区町村長に対して転入の届出をすることが義務付けられ（住民基本台帳法30条の46）、外国人についても日本人と同様に住民票が作成されるようになり、外国人登録制度は廃止されました（注）。

なお、外国人登録制度の下では、外国人は、市区町村長名で発行される「外国人登録証明書」の携帯が義務付けられていましたが、新しい在留管理制度の下では、出入国在留管理庁長官名で発

行される「在留カード」等の携帯が義務付けられています（第 9
問参照）。

（注）閉鎖された外国人登録原票は、現在、出入国在留管理庁で保管
　　　されています。

50

住所条件が緩和されるのは、どのような場合ですか。

　日本と特別な地縁又は血縁関係を有する外国人については、国籍法
5条1項1号に規定する住所条件が緩和されています。

1　次のいずれかに該当する外国人で、現に日本に住所を有するもの
　について、法務大臣は、その者が「引き続き5年以上」という住
　所条件を備えていないときでも、帰化を許可することができること
　とされています。

　(1)　日本国民であった者の実子で、引き続き3年以上日本に住所又
　　は居所を有するもの（法6条1号）

　　　日本国民であった者の養子（特別養子を含む。）は、含まれま
　　せん。なお、ここでいう「日本国民であった者」とは、「日本の
　　国籍を失った者」（法8条3号）と同義であり、平和条約の発効
　　によって日本国籍を失った生来の朝鮮人及び台湾人は含まれませ
　　んが、婚姻、認知等によって内地籍から朝鮮籍又は台湾籍へ移り、
　　平和条約の発効によって日本国籍を失った者は含まれます。

　(2)　日本で生まれた者で、引き続き3年以上日本に住所又は居所を
　　有するもの（法6条2号前段）

　　　これは、帰化許可の条件に生地主義的要素を採り入れたもので
　　す。

　(3)　日本で生まれた者で、その実父又は実母が日本で生まれたもの
　　（法6条2号後段）

　　　これは、親子二代にわたり、日本との地縁関係を有することを
　　考慮したものです。

　(4)　引き続き10年以上日本に居所を有する者（法6条3号）

　　これに該当する者も、正当な在留資格を必要とすることはいう
　までもありません。

2　日本国民の配偶者たる外国人で、次のいずれかに該当するものに
　ついても、住所条件が緩和されています。

⑴　日本国民の配偶者であって、引き続き3年以上日本に住所又は
　居所を有し、かつ、現に日本に住所を有するもの（法7条前段）
　　婚姻期間の長短は、問いません。

⑵　日本国民の配偶者であって、婚姻の日から3年を経過し、かつ、
　引き続き1年以上日本に住所を有するもの（法7条後段）
　　これは、婚姻の相当期間の継続が、居住期間を補完し得るとの
　考えによるものです。

3　次のいずれかに該当する外国人についても、日本との間に密接な
　地縁又は血縁関係が認められることから、住所条件が緩和されてい
　ます。

⑴　日本国民の子（養子を除く。）で、日本に住所を有するもの
　（法8条1号）
　　父母の一方が日本国民であれば、足ります。父又は母が日本国
　民であるかどうかは、帰化許可の申請の時点（父又は母が死亡し
　ているときは、その死亡の時点）で判断することになります。父
　は、法律上の父でなければなりませんので、日本国民たる父に認
　知されていない嫡出でない子は、「日本国民の子」には含まれま
　せん。

⑵　日本国民の養子で、引き続き1年以上日本に住所を有し、かつ、
　縁組の時本国法により未成年であったもの（法8条2号）
　　日本国民との養親子関係（特別養親子関係を含む。）が現に継
　続していれば足り、養子縁組後に養親が日本国籍を取得した場合

も含まれます。

(3) 日本国籍を失った者（日本に帰化した後に日本国籍を失った者を除く。）で、日本に住所を有するもの（法8条3号）

日本国籍の喪失の原因は、問いません。国籍留保の届出をしなかったために日本国籍を失った者（法12条）も含まれますが、このうち、18歳未満の者で、日本に住所を有するときは、届出によっても日本国籍を取得することができます（法17条1項）。なお、ここでいう「日本国籍を失った者」とは、「日本国民であった者」（法6条1号）と同義であるとされています。

(4) 日本で生まれ、かつ、出生の時から国籍を有しない者で、出生の時から引き続き3年以上日本に住所を有するもの（法8条4号）

これは、父又は母の本国の法制から、子が父又は母の本国の国籍を取得せず、無国籍者となる場合があることから、昭和59年の国籍法改正によって新設されたものです。

51

能力条件とは、何ですか。能力条件が免除される場合がありますか。

1　帰化許可の条件の一つとして、日本民法が成年とする18歳以上であって（民法4条）、本国法上も能力者であることが要求されています（法5条1項2号）。これを能力条件といいます。

　　能力条件は、帰化によって国籍の変動という身分上重大な効果が生じることから要請されているものですが、本国法上だけでなく、日本民法上も成年者であることを要件としているのは、帰化が許可されたときは日本民法が本国法となることから、帰化前だけでなく、帰化後においても成年者であることを要することとしたためです。

2　能力条件が免除される場合は、次のとおりです。

⑴　日本国民の配偶者たる外国人で、次のいずれかに該当するものについては、能力条件が免除されています。

　ア　日本国民の配偶者であって、引き続き3年以上日本に住所又は居所を有し、かつ、現に日本に住所を有するもの（法7条前段）

　イ　日本国民の配偶者であって、婚姻の日から3年を経過し、かつ、引き続き1年以上日本に住所を有するもの（法7条後段）

　　日本国民の配偶者たる外国人について能力条件を免除したのは、その者が本国法上婚姻適齢に達している者であること等が考慮されたからです。

⑵　次のいずれかに該当する外国人（第56～58問参照）についても、日本との間に密接な地縁又は血縁関係が認められることから、能力条件が免除されています。

ア　日本国民の子（養子を除く。）で、日本に住所を有するもの（法8条1号）

イ　日本国民の養子で、引き続き1年以上日本に住所を有し、かつ、縁組の時本国法により未成年であったもの（法8条2号）

ウ　日本国籍を失った者（日本に帰化した後に日本国籍を失った者を除く。）で、日本に住所を有するもの（法8条3号）

エ　日本で生まれ、かつ、出生の時から国籍を有しない者で、出生の時から引き続き3年以上日本に住所を有するもの（法8条4号）

52

素行条件とは、何ですか。素行条件を欠くのは、どのような場合ですか。

帰化許可の条件の一つとして、「素行が善良であること」が要求されています（法5条1項3号）。これを素行条件といいます。

素行条件は、日本社会の安全と秩序を維持するために要求されているものです。素行が善良であるかどうかは、遵法精神及び社会的義務観念が強固であるかどうかという点を中心に、通常人を基準として、社会通念によって判断されることになります。刑事罰や行政罰の有無、納税義務や社会保険料の納付義務の履行の有無、地域社会への迷惑の有無等、申請者の素行のあらゆる面が総合的に考慮されることになります。

53

**生計条件とは、何ですか。生計条件が免除される場合があ
りますか。**

1　帰化許可の条件の一つとして、「自己又は生計を一にする配偶者
その他の親族の資産又は技能によって生計を営むことができるこ
と」が要求されています（法5条1項4号）。これを生計条件とい
います。

　　生計条件は、生計を一にする親族単位で判断されますので、子に
扶養されている父母や、妻に扶養されている夫でも、生計条件を満
たすことになります。

2　次のいずれかに該当する外国人については、日本との間に密接な
血縁又は地縁関係が認められることから、生計条件が免除されてい
ます。

(1)　日本国民の子（養子を除く。）で、日本に住所を有するもの
（法8条1号）

(2)　日本国民の養子で、引き続き1年以上日本に住所を有し、かつ、
縁組の時本国法により未成年であったもの（法8条2号）

(3)　日本国籍を失った者（日本に帰化した後に日本国籍を失った者
を除く。）で、日本に住所を有するもの（法8条3号）

(4)　日本で生まれ、かつ、出生の時から国籍を有しない者で、出生
の時から引き続き3年以上日本に住所を有するもの（法8条4
号）

54

重国籍防止条件とは、何ですか。帰化によって重国籍になる場合、帰化は認められないのですか。

1　重国籍を防止することは、無国籍の防止と同様に、国籍立法の理想とされています（第15問参照）。

　　国籍法も、帰化許可の条件の一つとして、「国籍を有せず、又は日本の国籍の取得によってその国籍を失うべきこと」を要求しています（法5条1項5号）。これを、重国籍防止条件といいます。「国籍を有せず」とは、もともと、どこの国の国籍も保有していない無国籍者の場合のほか、帰化の許可前に、保有していた外国国籍を離脱した場合が含まれます。また、「日本の国籍の取得によってその国籍を失う」とは、その本国の国籍法によれば、日本へ帰化することによって自動的にその国の国籍を失うことになる場合をいいます。

2　重国籍防止条件を備えることができるかどうかは、専ら、その人の本国の国籍法がどのように定めているかによりますので、その本国の国籍法が、他の国の国籍を取得したとしても、その国の国籍を失わないとしていたり、あるいは、その国の国籍の離脱を一切認めていない場合には、重国籍防止条件を満たさず、帰化ができないことになってしまいます。

　　確かに、重国籍を防止するということは、大切なことですが、本人の意思にもかかわらずその国の国籍を失うことができない場合についてまで重国籍防止条件を適用したのでは、日本へ帰化する道を閉ざしてしまうことになりますので、国籍法は、「外国人がその意思にかかわらずその国籍を失うことができない場合において、日本国民との親族関係又は境遇につき特別の事情があると認めるとき」

は、重国籍防止条件を備えていないときでも、帰化を許可すること
ができるものとしています（法5条2項）。

　ここでいう「日本国民との親族関係又は境遇につき特別の事情が
ある」とは、その者の配偶者や親が日本国民である場合のように日
本国民との身分関係を有し、日本とのつながりが強い場合、あるい
は、その者が難民である場合のように人道上の配慮が必要となる場
合をいいます。

3　外国国籍の取得によって自国籍を喪失することになるかどうかに
　ついての各国の立法例は、次のとおりです。

　(1)　自己の志望による外国国籍の取得により、当然に自国籍を喪失
　　するとする国

　　　日本への帰化により、自国籍を当然喪失することになりますか
　　ら、重国籍防止条件を満たしていることになります。

　　　このような立法例は、韓国、中国、インド、ミャンマー、ノル
　　ウェー等にあります。

　(2)　自己の志望による外国国籍の取得により、原則的には自国籍を
　　喪失するとするが、年齢や兵役義務等を理由として自国籍の喪失
　　に一定の制限を加えている国

　　　自国籍の喪失について制限を受けている者が日本へ帰化するた
　　めには、「特別の事情」（法5条2項）が必要となります。

　　　このような立法例は、ドイツ、オーストリア、フィンランド、
　　ブラジル、ペルー、オランダ、ベルギー、メキシコ等にあります。

　(3)　自己の志望による外国国籍の取得によっても当然には自国籍を
　　喪失しないとし、何らかの意思表示又は国家の許可が必要である
　　とする国

　　　事前の意思表示又は許可により自国籍を離脱することができる

場合には重国籍防止条件を満たすことになりますが、事前に自国籍を離脱することができない場合には上記(2)の場合と同様に「特別の事情」が必要となります。このような立法例は、トルコ、アメリカ、カナダ等にあります。

在留資格

　在留資格とは、日本が受入れの対象とする外国人の行う在留活動を類型化したもので、令和4年4月1日現在、「外交」、「技術・人文知識・国際業務」、「短期滞在」、「留学」、「特定活動」、「日本人の配偶者等」、「永住者」等38種類が定められています（265頁参照）。

　日本に在留する外国人は、在留資格及び在留期間を決定されて在留するのが原則であり、決定された在留期間内、当該在留資格ごとに定められた活動を行うため我が国に在留することが認められています。

　在留資格には、在留中の活動そのものによる「活動資格」と活動の基礎となる一定の身分又は地位による「居住資格」とがありますが、前者は、さらに就労資格と非就労資格とに分けられます。就労資格では、収入を伴う事業の運営や報酬を受ける活動（就労活動）は、その決定された在留資格が定めている範囲でしか行うことができず、非就労資格では就労活動自体が禁止されています（入管法19条1項）。

55 日本人の外国人配偶者の帰化条件については、何か特別の配慮がされているのですか。

1　日本人と婚姻した外国人については、日本と特別な血縁関係を有することから、国籍法は、一般の外国人の場合と比べて、帰化条件を緩和しています（法7条）。

　⑴　まず、一般の外国人の帰化の場合には、住所条件が5年とされていますが（法5条1項1号）、日本人と婚姻した外国人の帰化の場合には、住所条件が3年で足りることとされ、「住所」ではなく、「居所」を有しているにすぎないときでも、それが引き続き3年以上であり、かつ、現に日本に住所を有しているのであれば、それでもよいこととされています（法7条前段）。

　　　これらの場合には、さらに、能力条件も免除されています。

　⑵　次に、日本人と婚姻した外国人配偶者で、婚姻の日から3年を経過しているものについては、住所条件が更に緩和されて1年で足りることとされています（法7条後段）。

　　　この場合にも、能力条件が免除されています。

2　ところで、国籍法7条の「日本国民の配偶者たる外国人」というためには、その婚姻が日本法上有効に成立していなければなりません。

　　日本人と外国人との婚姻が日本法上有効に成立しているかどうかは、法の適用に関する通則法24条の規定により定まる準拠法によって判断することになります。

　　まず、婚姻の実質的要件については、各当事者の本国法によることとされていますので（通則法24条1項）、日本人については日本

110

民法が、外国人配偶者についてはその本国の法律が、それぞれ適用
されることになります。

　次に、婚姻の形式的要件（方式）については、婚姻挙行地の法律
又は当事者の一方の本国法によることとされていますが、当事者の
一方が日本人で、日本で婚姻するときは、日本の法律によることと
されています（通則法24条2項、3項）。

領事婚

　民法741条は、外国に在る日本人間で婚姻をしようとするとき
は、その国に駐在する日本の大使、公使又は領事にその届出をす
ることができる旨を定めており、この婚姻の方式を一般に外交婚
又は領事婚と呼んでいます。

　婚姻の方式は、婚姻の形式的要件とも呼ばれ、婚姻挙行地の方
式によるほか、当事者の一方の本国法の定める方式によることも
できることとされており（通則法24条2項、3項）、外国におい
て日本人間又は日本人と外国人が婚姻する場合には、その挙行地
の方式によることも、日本の方式である郵送により日本の市区町
村長への届出によることもでき、日本人間で婚姻する場合には、
これに加えて、領事婚によることもできます。

56

かつて日本国民であった者の帰化条件については、どのように規定されていますか。

　かつて日本国民であった者については、過去における日本とのつながりを考慮して、一般の外国人の場合に比べて、帰化条件が緩和又は免除されています。すなわち、住所条件は、現に日本に住所を有することで足り、能力条件及び生計条件は、備えていなくてもよいこととされています（法8条3号）。

　この場合、日本国籍を失った原因は、問いません。したがって、自己の志望によって外国国籍を取得したことに伴い日本国籍を失った場合（法11条）だけでなく、外国で生まれて重国籍となった日本国民が国籍を留保しなかったことにより日本国籍を失った場合（法12条）や、外国国籍を有する日本国民が日本国籍を離脱した場合（法13条）なども含まれます。もっとも、国籍を留保しなかったことにより日本国籍を失った者は、18歳未満であるときは、帰化の手続によらないで、届出によって日本国籍を取得することもできます（法17条1項）。

　なお、日本へ帰化した後に日本国籍を失った者や平和条約の発効によって日本国籍を失った生来の朝鮮人や台湾人については、国籍法8条3号は適用されませんので、一般の帰化条件を備えていることが必要です。

57

日本人の実子又は養子の帰化条件は、どのようになっていますか。

1　日本人の実子については、帰化条件が緩和又は免除されています。すなわち、住所条件は、現に日本に住所を有することで足り、能力条件及び生計条件は、備えていなくてもよいこととされています（法8条1号）。また、重国籍防止条件を満たしていないときでも、日本国民との親族関係がありますので、帰化を許可することができることになります（法5条2項）。

　　ところで、親が日本人であるのに、子が外国人であるというのは、どういう場合でしょうか。

　　まず、昭和59年の国籍法改正前においては、父系血統主義が採られていましたから、日本人女性と外国人男性の夫婦間に生まれた子は、日本国籍を取得しませんでした。

　　また、婚姻をしていない外国人母と日本人父との間に生まれた子は、日本人父から胎児認知されていない限り、出生時に法律上の父子関係を有せず、日本国籍を取得しません（第35問参照）。もっとも、出生後に認知されれば、日本人父との間に法律上の父子関係が生じますから、日本人の実子としての帰化条件が適用されることになります。

2　日本人の養子の場合も、「引き続き1年以上日本に住所を有し、かつ、縁組の時本国法により未成年であったもの」については、同様に、帰化条件が緩和又は免除されています（法8条2号）。

　　日本国民との養親子関係（特別養親子関係を含む。）は、現に継続していれば足り、養子縁組後に養親が日本国籍を取得した場合も

含まれます。

　「縁組の時本国法により未成年であった」ことを要件としたのは、成年養子の場合には、必ずしも養親である日本国民との結び付きが密接であるとはいえないことや、帰化を容易にするために仮装縁組が行われるおそれの多いことが考慮されたためです。

　「日本国民の養子」というためには、その縁組が日本法上有効に成立していなければなりません。養子縁組の実質的要件については、法の適用に関する通則法31条1項により、縁組当時の養親の本国法が準拠法となりますから、日本民法が規定する要件を備えていなければなりません。なお、子の本国法が、養子縁組の成立について、養子の承諾であるとか、公的機関の許可といった養子の保護要件を定めているときは、その要件も備えていなければなりません。また、養子縁組の形式的要件（方式）については、法の適用に関する通則法34条により、縁組の成立を定める法律（すなわち、日本民法）か行為地法によることになります。

58

日本で生まれた者の帰化条件は、どのようになっていますか。

1　日本で生まれた者については、日本との地縁的な結び付きを考慮して、帰化条件が緩和されています。すなわち、住所条件が5年（法5条1項1号）から3年に短縮されているほか、「住所」ではなく「居所」を有しているにすぎないときでも、それが引き続き3年以上であり、かつ、現に日本に住所を有しているのであれば、それでも足りることとされています（法6条柱書き、2号）。

　　また、日本で生まれた者の父又は母（養父母を除く。）も日本で生まれた者である場合には、更に住所条件が緩和されており、現に日本に住所を有することだけで足りることとされています（法6条柱書き、2号）。これは、親子二代にわたり、日本との地縁関係を有していることが考慮されたものです。

2　さらに、日本で生まれ、かつ、出生の時から国籍を有しない者で、その時から引き続き3年以上日本に住所を有するものについては、住所条件だけでなく、能力条件及び生計条件を備えていなくてもよいこととされています（法8条4号）。

59 大帰化とは、何ですか。

1 　いわゆる大帰化とは、国籍法９条に規定する帰化のことであり、日本に特別の功労のある外国人について、同法５条に規定する帰化条件を備えているかどうかを問題とすることなく、法務大臣が国会の承認を得て許可する帰化のことです。

2 　帰化許可の条件は、各国の歴史的・地理的事情、人口政策、労働政策等によってそれぞれ異なっていますが、その国に対して特別の功労があることを条件として帰化を許可する大帰化の制度を認めている国は、少なくありません。もっとも、承認を与える機関は国によって一様ではありません。

3 　大帰化についても、帰化許可の申請を必要とし、帰化の効力が官報に告示された日から生ずることは、他の帰化の場合と同様です。

60

法律に規定する帰化条件を満たせば、帰化申請は、必ず許可されるのですか。

1　国際法上、どのような者にその国の国籍を与えるか、また、その条件をどのように定めるかは、各国が自由に決めることができることとされています。

　　現代国家においては、帰化による国籍の取得を全く認めないという国はなく、また、大多数の国では、帰化の許否を完全な自由裁量とするのではなく、帰化の許可につき一定の条件を法定しているのが通例です。

2　国籍法も、帰化による国籍の取得を認め、帰化の許可につき一定の条件を定めていますが（法5条から9条まで）、これらの条件を満たしている外国人であっても、これに日本国籍を付与するかどうかは、法務大臣の広範な自由裁量に属するものとされています。これは、国籍法5条1項が「法務大臣は、次の条件を備える外国人でなければ、その帰化を許可することができない。」と規定し、条件を備える外国人の「帰化を許可しなければならない。」と規定していないことからも、明らかです。

　　したがって、国籍法が定める帰化許可の条件は、国家的利益の保護の見地から、法務大臣の裁量に一定の基準を設け、法務大臣の恣意によって帰化の許否の判断がされることを防止しようとするものにすぎないと解されています。

61

帰化の申請は、どのように行うのですか。

　帰化許可の申請は、帰化許可申請書のほか、帰化条件を満たしていることを証明する資料及び身分関係を証明する資料を添えて、申請者の住所地を管轄する法務局又は地方法務局若しくはそれらの支局に自ら出頭してしなければなりません。その手続は、次のとおりです。

1　申請者

　　本人が15歳以上の場合には、本人が自ら申請しなければならず、代理人による申請は、許されません。ただし、本人が15歳未満の場合には、法定代理人が代わって申請者となります（法18条）。

2　申請先

　　申請者の住所地を管轄する法務局又は地方法務局若しくは各局において帰化の事務を取り扱うとされているそれらの支局に申請します（施行規則2条1項、法務局及び地方法務局組織規程46条3項）。

　　家族が同時に申請する場合には、一家の中心になる者の住所地を管轄する法務局等に一括して申請することができます。

3　申請の方法

　(1)　申請者が自ら法務局等に出頭してしなければなりません（施行規則2条2項）。帰化の申請は、その結果として、国籍の得喪という申請者の身分及び生活に重大な影響を及ぼすことになりますから、人違いでなく、自らの意思で日本国籍の取得を希望していることを明らかにする必要があるからです。

　(2)　申請は、書面によってしなければならず（施行規則2条2項）、申請書には帰化をしようとする者の氏名、国籍、出生の年月日及び場所、住所、父母の氏名等を記載し、本人又は法定代理人が署

名しなければなりません（施行規則2条2項、3項）。

(3)　申請書には、帰化条件を備えていることを証明する資料（施行規則2条3項）、法定代理人が申請する場合にはその資格を証明する書面（施行規則4条）を添付しなければなりません。なお、これらの書面が外国語によって作成されているときは、翻訳者を明らかにした訳文も添付する必要があります（施行規則5条）。

入管特例法

　平成3年4月26日、第120回国会において成立し、同年5月10日に公布され、同年11月1日から施行された「日本国との平和条約に基づき日本の国籍を離脱した者等の出入国管理に関する特例法」を出入国管理特例法又は入管特例法と呼んでいます。

　入管特例法は、終戦前から日本に引き続き在留し、日本国との平和条約の発効により日本国籍を離脱した者及びその子孫全体について、その法的地位の一層の安定化を図ることを目的として定められたものであり、既に永住資格又はこれに準ずる法的地位を有していた者については、何らの申請を要せず、また、同法施行後の出生者や同法施行時に上記の永住資格を有していなかった者については、出入国在留管理庁長官（平成31年3月31日までは、法務大臣）の許可を受けることにより、特別永住者として永住することができるようになりました。

　ところで、入管特例法は、日本国に居住する大韓民国国民の法的地位及び待遇に関する日本国と大韓民国との間の協定（日韓法的地位協定）に基づく協定結果を踏まえて制定されましたが、在日韓国人と同様の歴史的経緯及び定着性を有する者については、同様の法的地位を付与するのが適当であるとの考えから、その対象者は、平和条約国籍離脱者及びその子孫と定義され、対象者の国籍は、特に限定されていません。

62

帰化の申請は、法定代理人によってもできますか。

1　国籍法は、帰化条件の一つとして、能力条件を規定し、「18歳以上で本国法によって能力を有すること」を要求していますが（法5条1項2号）、一定の場合には、能力条件を免除していますので（第51問参照）、未成年者が帰化申請をすることができることになります。

2　日本民法は、未成年者が法律行為をするには法定代理人の同意を要するものとして、その行為能力に制限を加えていますが（法5条）、国籍法は、帰化申請等の行為能力に関して特則を設けており、帰化申請をしようとする者が15歳未満であるときは、法定代理人が代わってこれをするものとしています（法18条）。これは、身分行為についての申請能力（届出能力）は、意思能力があれば足りるとするものであり、国籍法は、意思能力の基準を満15歳とし、満15歳以上の者は自らが申請し、15歳未満の者は親権者、後見人等の法定代理人が代わって申請することとしたものです。

3　帰化申請は、「申請をしようとする者が自ら法務局又は地方法務局に出頭して」しなければならないこととされていますが（施行規則2条1項）、ここでいう「申請をしようとする者」とは、15歳未満の者からの帰化申請の場合には、その法定代理人がこれに当たることになります。

63

帰化申請に必要な書類としては、どのようなものがありますか。

1　帰化申請をするには、帰化許可申請書に帰化条件を備えていることを証明する書類を添付することが必要です（施行規則2条3項）。また、帰化が許可された場合には、その者について戸籍を創設することになりますので、戸籍に記載すべき事項を証明するものとして、申請者の身分関係を証明する書類が必要となります。

2　帰化申請に必要な主たる書類は、次のとおりです。

(1)　帰化許可申請書

　申請者の氏名、現に有する国籍、出生の年月日及び場所、住所、父母の氏名、帰化後の氏名及び本籍等を記載し、申請者が署名し、写真（上半身を写したもの）を貼付します。

(2)　帰化の動機書

(3)　履歴書

(4)　在勤、在学証明書

(5)　国籍を証する書面原則として、権限を有する本国官憲が発給した国籍証明書が必要です。

(6)　身分関係を証する書面

　権限を有する本国官憲が発給した出生証明書、婚姻証明書、親族（親子）関係証明書等を提出します。日本人と身分関係があるときは、関連する戸籍謄本等を提出します。

(7)　在留歴・居住歴を証する書面（住民票の写し等）

(8)　宣誓書

(9)　親族の概要書

⑽　生計の概要書

⑾　事業の概要書

⑿　給与証明書

⒀　課税証明書・納税証明書

⒁　社会保険料の納付証明書

特別永住者

　外国人が日本に在留する場合には、一定の在留資格を取得しなければなりませんが、平成３年11月１日、入管特例法の施行により、新たに「特別永住者」という資格が創設されました。特別永住者とは、終戦（昭和20年９月２日）以前から引き続き日本に在留する者又はその後「日本国との平和条約」発効日（昭和27年４月28日）までにその子として日本で出生し引き続き日本に在留している者で「日本国との平和条約」の発効によって日本国籍を離脱したもの及びその子孫のことをいいます。

　特別永住者には、「法定特別永住者」と「特別永住許可を得た者」の２種類があります。

　法定特別永住者とは、入管特例法の施行以前から永住資格又はこれに準ずる法的地位を有していた者のことで、これらの者は、日本での在留の経歴や身分関係も明らかであるため、改めて格別の申請をさせることなく特別永住者としての資格を得ることができることとされました。

　一方、平和条約国籍離脱者及びその子孫であっても、入管特例法の施行後に出生した者や同法施行時に永住資格又はこれに準ずる法的地位を有していない者は、特別永住許可の対象となり、出入国在留管理庁長官（平成31年３月31日までは、法務大臣）の許可を受けることによって特別永住者としての資格を得ることがで

きます。

　なお、特別永住者には、在留カードではなく特別永住者証明書
が交付され、携帯義務もないほか、特別永住許可証明書に係る申
請（有効期間の更新申請など）も、地方出入国在留管理官署では
なく市区町村役場において行うこととされているなど、他の外国
人とは異なる取扱いがされています。

64

帰化申請に必要な国籍や身分関係を証明する書類は、どこで入手できるのですか。

1　帰化申請に必要な国籍証明書や身分関係証明書としては、原則として、現に国籍を有する国の権限を有する官憲が発給した証明書が必要です。したがって、これらの書類は、本国又は当該国の在日大使館や領事館から発給を受けることになります。

　　しかしながら、本国が戦争状態等にあるため難民となった場合などのように、本国との接触が困難な場合には、例外的に、庇護国が発給した難民認定書、日本が発給した再入国許可書等をもって、これらの書類に代えることがあります。

2　国籍証明書や身分関係証明書の具体例は、次のとおりです。

　(1)　韓国の場合

　　　韓国においては、家族関係登録制度に基づく、基本証明書、家族関係証明書、婚姻関係証明書、入養関係証明書、親養子入養関係証明書のほか、父母の婚姻日等の記載のある除籍謄本等が必要となります。

　(2)　中国の場合

　　　中国においては、在日大使館又は領事館発給の国籍証明書（領事証明）のほか、本国の公証処が発行した出生、婚姻、親族関係等の公証等書が必要となります。

　　　台湾においては、日本の戸籍と住民票を合わせたような性格の戸籍制度がありますから、戸籍謄本が必要となります。

3　帰化申請者の中には、日本で出生後、本国への届出がされていない者も多く、それらの者については、本国官憲が自国民として把握

していないことから、実体としてはその国の国籍を有していたとして
も、本国官憲から、国籍証明書等の発給を受けられない場合があ
ります。

　このような場合には、市区町村に提出された出生届等の戸籍に関
する届書の写し、申請者の出生時における父母の閉鎖外国人登録原
票の写し、日本人と身分関係を有する場合には当該日本人の戸籍謄
本等に基づき、国籍や身分関係を認定することがあります。

65

国籍や身分関係を証明する書類を入手できない場合には、帰化できないのですか。

1　帰化許可申請書には、帰化に必要な条件を備えていることを証明するに足りる書類を添付しなければならないこととされており（施行規則2条3項）、その一部として、国籍や身分関係を証明する書類を添付する必要があります。なお、身分関係を証明する書類は、帰化が許可された場合にその者について戸籍を創設する必要があることからも要請されています。

2　国籍を証明する書類としては、原則として、本国官憲が発給したものを提出する必要があります。また、身分関係を証明する書類についても、権限を有する官憲が発給したものであることが必要であり、例えば、戸籍謄本、出生証明書、婚姻証明書、親族（親子）関係証明書等がこれに当たります。

3　本国官憲が発給した国籍証明書を入手することができないときでも、申請者の国籍を認定することができる場合があります。例えば、申請者が生地主義を採用している国で出生した場合には、その者の出生証明書によって、その者の国籍を認定することがあります。このように、国籍証明書を入手することができない場合でも、他の公的資料によって申請者の国籍を認定することができる場合には、帰化申請をすることができます。また、無国籍者の場合には、証明すべき国籍自体がありませんので、国籍証明書を提出することなく帰化申請をすることができることはいうまでもありません。

4　申請者が難民やボートピープルである場合には、身分関係を証明する書類を提出することができない場合があります。また、本国に

身分関係を証する書類を請求しても、発給されない場合があります。このような場合には、本国にいる申請者の父母、兄弟姉妹等の親族から、申請者の出生年月日や出生場所等を記載した書面を提出させ、その書面によって、申請者の身分関係を認定することがあります。このように、身分関係を証明する書類を提出することができないことにつき、真にやむを得ない事由があり、申請者本人の責めに帰することができない場合には、その書類を提出することなく、帰化申請をすることができます。

条約難民とボートピープル

　難民の地位に関する条約にいう難民とは、「人種、宗教、国籍若しくは特定の社会的集団の構成員であること又は政治的意見を理由に迫害を受けるおそれがあるという十分に理由のある恐怖を有するために、国籍国の外にいる者であって、その国籍国の保護を受けることができないもの又はそのような恐怖を有するためにその国籍国の保護を受けることを望まないもの」と定義されており、日本も、昭和56年6月の同条約への加入に伴い、出入国管理及び難民認定法を整備し、難民認定の申請があった場合には、同条約又は難民の地位に関する議定書の適用を受ける難民（いわゆる「条約難民」）であるか否かを調査し、難民認定をすることとしています。

　一方、昭和50年以降、いわゆるボートピープルと呼ばれるインドシナ三国における政変をきっかけとして本国から逃れてきた人々が日本に漂着したり、付近を航行していた船舶に救助されたりするようになった時期がありました。

　また、海外の難民キャンプ等で生活する難民を庇護するため、日本は、閣議了解に基づき、こうした人々を「第三国定住難民」

として受け入れています。

　もっとも、ボートピープルは必ずしも条約難民に該当するわけ
ではなく、また、難民認定申請は日本にいる外国人のみが行うこ
とができるため、条約難民に該当し得る者であっても、日本にた
どり着かなくては難民認定を受けることができません。そこで、
こうした人々については、難民認定制度の枠外で「定住者」の在
留資格を与え、日本への定住を許可し、庇護を図る取扱いがされ
ています。

66

外国に登録されている身分関係と真実の身分関係が異なる場合でも、そのまま帰化申請をすることができますか。

1　帰化申請がされると、帰化条件の審査に加え、申請者の身分関係の認定が行われます。これは、帰化が許可された場合に、その者の身分関係を確定して、戸籍を作成する必要があるからです。この身分関係の認定は、権限を有する本国官憲が発給した出生証明書等に基づいて行いますが、ときには、公的資料に表示されている表見上の身分関係と真実の身分関係とが相違していることがあります。この場合には、帰化申請に当たり、あらかじめ裁判等の手続によって真実の身分関係を明らかにし、表見上の身分関係を真実の身分関係に合致させることが必要です。これを、帰化の実務上、「身分関係の整序」と呼んでいます。

2　身分関係の整序を行う必要があるのは、真実の身分関係を確定させないと、真実でない身分関係を反映した戸籍が作成されるおそれがあり、また、場合によっては、申請者の国籍が異なってきたり、適用すべき帰化条件が異なったりすることがあるからです。さらには、帰化申請の手続が正当な法定代理人によって行われていないという問題が生じるおそれもあります。

67

帰化によって、どのような効果が生ずるのですか。また、その効力は、いつ生ずるのですか。

1　帰化とは、日本国籍を有しない者（外国人）からの日本国籍の取得を希望する意思表示に対して、国家が許可を与えることによって、日本国民たる資格という包括的な地位を創設する行為です。

　　したがって、日本に帰化した者は、帰化によって日本国籍を取得し（法4条1項）、日本国民であることに伴う種々の権利を取得します。その主なものとしては、参政権、国内居住権等があります。

　　旧国籍法の下では、帰化によって、帰化者自身だけでなく、その妻や未成年の子も、日本国籍を取得することとされていましたが（旧国籍法13条、15条等）、昭和25年に制定された国籍法は、「個人の尊厳と両性の本質的平等」を尊重する憲法の趣旨に鑑み（憲法24条2項）、帰化の効果は帰化者本人のみに生ずることとしています。

　　また、旧国籍法は、帰化者に対して、国務大臣、国会議員等一定の公職に就く権利を制限していましたが（旧国籍法16条）、「法の下の平等」を保障する憲法の精神を尊重するため（憲法14条1項）、現在の国籍法には、このような制限はありません。

2　帰化の効力の発生時点について、国籍法は、法務大臣が帰化を許可した場合には、官報にその旨を告示しなければならず、帰化は、その告示の日から効力を生ずることとしています（法10条）。

　　帰化の場合には、法律の公布等の場合とは異なり、通常、一般国民の知り得る状態に置かれたかどうかを厳格に解する必要はないと考えられることから、一律に、告示の日の午前零時から効力が生ずるものと解されています。このように解することにより、帰化の効

力の発生時点を明確にすることもできることになります。

人名用漢字

　子の名前に使える漢字は、戸籍法50条、同施行規則60条に定められています。無制限に漢字の使用を認めてしまうと、一般の人には難しくて読めない名前ができてしまい、本人も、また、回りの人々も、迷惑するためです。

　名前に用いることができる漢字は、従前は、昭和21年に告示された1850字の当用漢字に限定されていましたが、これでは昔からある名前で使えない字が多いということで、昭和26年、51年に追加されました。その後、昭和56年には、常用漢字1,945字が定められるとともに、人名用漢字166字が改めて定められ、その後、平成 2 年、9 年、16年、21年に追加されました。さらに、平成22年に常用漢字表が新たに定められ、これに伴い人名用漢字も改めて定められ、その後、平成27年、29年に追加され、現在、子の名前に使うことが許される漢字は、常用漢字2,136字、人名用漢字863字の合計2,999字となっています。また、字体については、原則として、常用漢字表及び人名用漢字別表のものを使用することとされています。

68

帰化の許可が無効になるのは、どのような場合ですか。

　帰化の許可は、法務大臣が、日本国籍を有しない者（外国人）に対し、帰化条件を備えているかどうかを審査した上で、日本国籍を付与する行為ですから、必要な条件を備えていなかったにもかかわらず帰化が許可された場合には、その効力が問題となります。

1　日本人に対する帰化の許可

　　帰化は、外国人に日本国籍を付与する行為ですから、既に日本国籍を有する者に対する帰化の許可は、何の意味もなく、当然に無効であると解されます。

2　帰化意思のない者に対する帰化の許可

　　帰化とは、日本国籍の取得を希望する意思表示に対し、許可を与えることによって、日本国民たる資格という包括的な地位を創設するとともに、原則として、その者が有していた国籍を喪失させるという重大な効果をもたらす行為ですから、帰化意思は、必要不可欠の要件であり、それを欠く者に対する許可は、当然に無効であると解されます。帰化意思を欠く場合の例としては、15歳以上の者が自ら申請をしなかった場合、15歳未満の者について、その法定代理人でない者が申請をした場合、抵抗し難いほどの強迫を受け、申請者が本人の自由意思によらずに申請をした場合等が考えられます。

3　死亡している者に対する帰化の許可

　　帰化の許可は、特定の個人に対して日本国籍を付与する行為ですから、申請者は、生存している者でなければならず、死亡している者に対する帰化の許可は、当然に無効であると解されます。

4　帰化条件に違背した帰化の許可

　帰化は、国家の自由な意思によって許可されるべきものであること、しかも、その許可は、国家機関による十分な職権調査を経てされるものである上、その効果として日本国民としての包括的な地位が創設され、種々の権利義務関係が生じ、その親族等にも大きな影響を与えることになることから、このような広汎な法律関係を生じさせる帰化の効果を一挙に覆すことは、法的安定性の面から相当でないこと、また、帰化によって喪失した従前の国籍は、帰化の許可が無効であるからといって、必ずしも回復される保障がないこと等から、帰化条件に違背してされた帰化の許可を無効と解することはできないものとされています（最高裁昭和31年7月18日判決民集10巻7号890頁参照）。ただし、申請者の詐欺等重大な不正行為に基づき帰化許可処分が行われた場合には、法務大臣において、当該帰化許可処分の取消しにより回復される公益と申請者の受ける不利益等を総合考慮した上で、当該帰化許可処分を取り消すことができるものと解されています。

5　官報の告示手続に瑕疵がある帰化の許可

　帰化の許可は、官報に告示することによって効力を生じますが、その手続に重大な瑕疵がある場合、例えば、官報の告示内容に帰化者を特定することができないほどの瑕疵がある場合には、帰化の許可は、当然に無効であると解されます。これに対し、瑕疵が軽微な場合には、訂正の告示によって治癒され、帰化許可の効力には影響はないものと解されます。

69

帰化後の氏名及び本籍は、どのようにして決まるのですか。

1 帰化を許可された者については、新たに戸籍を作成する必要があ
りますので、帰化者は、帰化の告示の日から1か月以内に、法務局
又は地方法務局の長が発行する身分証明書を添付して帰化の届出を
しなければならないこととされています（戸籍法102条の2、戸籍
法施行規則58条の3）。

2 この帰化の届出は、告示によって生じた日本国籍取得の結果を報
告する届出（報告的届出）ですが、帰化後の氏名及び本籍は、帰化
者本人が定める届出（創設的届出）の性格をも併せ持つものです。

3 帰化後の本籍は、現に存在する地番であれば、特に制限はなく、
帰化者本人が自由に定めることができます。他方、帰化後の氏の文
字については、誤字・俗字でない正しい日本文字を、帰化後の名の
文字については、平仮名、片仮名、常用漢字又はいわゆる人名用漢
字（戸籍法施行規則60条）を用いることとされています。

70

帰化した者の戸籍は、どのようにして作成されるのですか。

1 　帰化が許可されると、帰化申請をした法務局又は地方法務局の長から、帰化者に対して帰化が許可された旨の通知がされ、「身分証明書」が交付されます。帰化者は、この身分証明書を添付して、帰化の告示の日から１か月以内に、本人の所在地の市区町村長に対して戸籍法102条の２の帰化の届出をしなければならず、この届出がされると、帰化者についての戸籍が新たに作成されることになります。

2 　戸籍は、日本国民の身分関係を登録するものですから、帰化者についても、その身分関係を正確に登録することが必要です。そのため、帰化の許可に当たっては、帰化者の身分関係を本国官憲等が発給する公的資料（出生証明書、婚姻証明書、親族関係証明書等）等に基づいて認定しており、その認定の結果が身分証明書に表示されますので、帰化者についての新戸籍は、この身分証明書に基づいて作成されます。

71

帰化の不許可処分に対して、不服を申し立てる方法はありますか。

1 　国籍法は、5条から9条までにおいて、帰化許可の条件を定めていますが、これは、その文言からも明らかなとおり、法務大臣が帰化を許可する場合の最低条件を定めたものであって、国家的利益の保護の見地から、法務大臣の自由裁量権に消極的方向からの一定の基準を設けることにより、法務大臣の恣意によって帰化の許否の判断がされることを防止しようとするものにすぎません。

　　したがって、国籍法は、法定の帰化条件を具備した外国人に帰化の請求権を与え、その外国人につき法務大臣に帰化の許可を義務付けたものであると解することはできません。

2 　一般に、行政処分に対する不服の申立ては、当該処分が違法であり、かつ、その処分の変更や取消しを求める法律上の利益があることを前提として、初めて許容されます。

　　したがって、申請者に実体法上の許可請求権がなく、法務大臣の自由裁量に服するという特質を持つ帰化に関する処分については、行政争訟によって不服を申し立てることが許されないとの考え方があります。行政不服審査法7条が、帰化に関する処分及びその不作為については審査請求をすることができないと規定しているのは、こうした理由によるものであり、行政事件訴訟法に基づく取消訴訟についても、従来は、これと同様に解すべきであるとする考え方が一般的でした。

3 　これに対し、東京地裁昭和63年4月27日判決（訟務月報35巻3号495頁参照）は、「国籍法11条及び同法施行規則1条は、明文で外国

136

人が帰化の許可の申請をすることができる旨を規定しているが、こ
れは、我が国に帰化することを希望する外国人を、帰化の許否につ
いて申請権を認めるという形で保護しようとする趣旨と解すること
ができるから、帰化の許可の申請者は、その申請に対する法務大臣
の応答を求める手続的権利を有するものと解すべき」で、その応答
は、手続上も、また、内容においても、適法なものでなければなら
ないから、「適法な決定を求める権利を有する」と解すべきである
として、帰化の不許可処分は行政事件訴訟法にいう取消訴訟の対象
たる行政処分に該当するものというべきであると判示しました。

　その後、この判決は、最高裁平成 3 年 7 月18日判決（判例集未登
載）によって是認されており、近時の判例は、帰化に関する処分は
法務大臣の自由裁量に属するとはしながらも、帰化許可申請者は法
務大臣の帰化不許可処分に対して取消訴訟を提起することができる
ものとしています。

第2節　国籍の喪失

72

日本国籍を喪失するのは、どのような場合ですか。

1　国籍の喪失とは、国民としての資格の消滅を意味します。したがって、国籍の喪失により、国籍を有することに伴う法律関係は、当然に消滅します。

　国籍の喪失原因は、個人の意思に基づくものと、そうでないものとに大別することができます。

　前者には、自己の志望による外国国籍の取得の結果として国籍を喪失する場合、狭義の国籍離脱（国籍放棄）の場合等があり、後者には、婚姻、認知、養子縁組等の身分行為の結果として従来の国籍を喪失する場合、夫や親が国籍を喪失するのに伴い妻や子が従来の国籍を喪失する場合、一定期間の外国への居住により従来の国籍を喪失する場合、忠誠義務違反等の理由により国籍を剥奪される場合、領土の変更等により国籍を喪失する場合等があります。

2　国籍法における国籍の喪失原因は、次のとおりです。

(1)　自己の志望による外国国籍の取得（法11条1項）

　　自分の意思で外国国籍を取得した場合、例えば、外国に帰化した場合には、自動的に日本国籍を失います。

(2)　外国の法令による当該外国国籍の選択（法11条2項）

　　日本国籍と外国国籍を有する重国籍者が、外国の法令によって、その国の国籍を選択した場合には、自動的に日本国籍を失います。

(3)　日本国籍の不留保（法12条）

　　出生によって外国の国籍を取得した日本国民で、国外で生まれ

たものが、出生の日から3か月以内に日本国籍を留保する旨の届
出を出生の届出とともにしなかった場合には（戸籍法104条）、出
生の時に遡って日本国籍を失います。

(4)　日本国籍の離脱（法13条）

　日本国籍と外国国籍を有する重国籍者が、法務大臣に対し、日
本国籍を離脱する旨の届出をした場合には、届出の時に日本国籍
を失います。

(5)　国籍選択の懈怠（法15条3項）

　日本国籍と外国国籍を有する重国籍者が、国籍選択の催告を受
けた日から1か月以内に日本国籍を選択しなかった場合には、そ
の期間が経過した時に日本国籍を失います。

(6)　国籍の喪失宣告（法16条2項）

　日本国籍を選択し、外国国籍を放棄する旨の宣言をした日本国
民で、外国国籍を失っていないものが、自己の志望によりその外
国の重要な公職に就任した場合において、その就任が日本国籍を
選択した趣旨に著しく反すると認めるときは、法務大臣は、その
者に対して日本国籍の喪失の宣告をすることができ、この場合に
は、その宣告が官報に告示された日に日本国籍を失います。

73

日本国籍を喪失すると、どのようになりますか。

　日本国籍を喪失すると、日本国籍を有することによってそれまで有していた種々の権利を失うとともに、日本国民であることに伴う義務を免れることになります。その主なものは、次のとおりです。

1　国家は、外国の国際法違反の行為により自国民の身体、財産が侵害された場合には、その外国に対して抗議し、自国民に適切な救済を与えることを要求する権利を有しています。これを外交保護権といいますが、日本国籍を喪失した者は、日本国政府による外交保護権の行使を受けられなくなります。

2　日本国民は、有効な旅券等を所持し、出帰国の確認を受けることを条件として、日本に自由に出帰国することができます（憲法22条、入管法60条、61条）。これに対し、外国人は、日本からの出国の自由はその確認を受ければ原則として保障されていますが（入管法25条、25条の２）、日本への入国に関しては、原則として、有効な旅券等を所持し、法定の上陸拒否事由に該当せず、日本において行おうとする活動が在留資格に適合する等の上陸の条件に適合する場合に限り、入国を許可されることとなります（入管法５条、７条）。また、日本国民は、日本の領土内での居住の自由が保障されていますが（憲法22条）、外国人は、原則として取得した在留資格の範囲内での活動及び在留資格に応じて定められた期間内での在留のみが認められています（入管法２条の２、19条）。したがって、日本国籍を喪失した者が引き続き日本に滞在する場合には、在留資格を取得しなければなりません。

3　日本国民は、日本の政治に参加する権利が保障されていますが

（憲法15条）、外国人は、当然に日本の政治に参加する権利はありません。したがって、日本国籍を喪失した者については、参政権が制限されることになります。すなわち、衆議院及び参議院の議員、地方公共団体の議員及びその長の選挙権及び被選挙権（公職選挙法9条、10条）、地方公共団体の条例の制定、改廃、議会の解散、議員及びその長の解職等の請求権（地方自治法12条、13条）、最高裁判所の裁判官の国民審査権（憲法79条、最高裁判所裁判官国民審査法4条）を行使することができなくなります。また、政治活動に関して寄附をすることもできなくなります（政治資金規正法22条の5）。

4　これらのほか、日本国籍を喪失した者は、一定の公職に就くことができなくなり（外務公務員法7条等）、また、財産権の享有について相互主義による制限を受けることがあります（特許法25条等）。

74

日本国籍を喪失した場合、戸籍はどのようにすればよいの ですか。

1 戸籍制度上、全ての国民は戸籍に記載されることになっています。 そこで、日本国籍を喪失した場合には、もはや日本国民ではありま せんので、戸籍から除籍されることになります（戸籍法23条）。

2 日本国籍の喪失原因としては、①自己の志望による外国国籍の取 得（法11条1項）、②外国の法令による当該外国国籍の選択（法11 条2項）、③日本国籍の不留保（法12条）、④日本国籍の離脱（法13 条）、⑤国籍選択の懈怠（法15条）、⑥国籍の喪失宣告言（法16条） がありますが、戸籍の取扱いは、喪失原因ごとに次のようになって います。

(1) ①自己の志望による外国国籍の取得、②外国の法令による当該 外国国籍の選択、④日本国籍の離脱、⑤国籍選択の懈怠及び⑥国 籍の喪失宣告の場合

本人、配偶者又は四親等内の親族が、日本国籍喪失の事実を知 った日から1か月以内（届出をすべき者がその事実を知った日に 国外に在るときは、その日から3か月以内）に、国籍喪失を証す べき書面を添付して、市区町村長（その者が外国に在るときは、 その国に駐在する日本の大使、公使又は領事）に国籍の喪失の届 出をしなければなりません（戸籍法103条）。なお、国籍喪失者本 人は、外国人ですので国内に在住する場合にのみ届出義務が課せ られますが、国外にある本人から届出することもできます。

また、官公署がその職務上国籍を喪失した者があることを知っ たときは、本籍地の市区町村長に報告しなければならないことと

されており（戸籍法105条）、官公署からこの報告がされた場合にも、戸籍から除籍されることになります。

(2) ③日本国籍の不留保の場合

　日本国籍を留保する旨の届出は、出生の届出とともにされることになっており（戸籍法104条）、留保しない場合には、出生の時に遡って日本国籍を喪失したことになります。この場合は、そもそも戸籍に記載されることはありませんので、国籍喪失についての届出は必要ありません。

> **75** 申請により外国国籍を取得した場合、日本国籍は、どのようになりますか。外国国籍の取得申請が法定代理人である父母によってされた場合は、どのようになりますか。

1　国籍法は、日本国民が帰化等により外国国籍を取得したときは、当然に日本国籍を失うこととしています（法11条1項）。これは、国籍離脱の自由を保障するとともに、重国籍の発生を防止しようとするものです。

2　外国国籍の取得により日本国籍喪失の効果が生ずるためには、まず、その外国国籍の取得が有効であることが必要です。したがって、外国国籍の取得が当然無効とされる場合には、日本国籍喪失の効果は生じません。

3　次に、外国国籍の取得が「自己の志望」によることが必要です。「自己の志望」による取得とは、帰化、国籍の回復、国籍取得の届出その他名称のいかんにかかわらず、外国国籍の取得を希望する意思表示の直接の効果として外国国籍が付与されることを意味します。したがって、婚姻、認知、養子縁組等の外国人との身分行為により、あるいは、夫又は親が外国に帰化したことにより、当該外国の国籍を付与される場合など、一定の事実に伴う当然の効果として外国国籍が付与される場合には、自己の志望による外国国籍の取得には当たらず、日本国籍を喪失することはありません。

4　外国の立法例の中には、未成年者の帰化について、未成年者に代わって、その法定代理人が申請することを認めているものがあります。このような立法例の国において法定代理人が未成年の子の帰化申請を行い、子がその外国の国籍を取得した場合には、これが自己

144

の志望による外国国籍の取得に当たるかどうかが問題となりますが、国籍法18条が、15歳未満の者の帰化の申請等については、法定代理人が代わってするものとしていること、戸籍法104条が、父、母又はその他の法定代理人にのみ国籍留保の届出をすることができるとし、このときの国籍の不留保に子の日本国籍喪失の効果を認めていること等から、未成年者が法定代理人の申請により外国国籍を取得した場合にも、自己の志望による外国国籍の取得に当たるものと解されています。もっとも、法定代理人である父母の一方のみの申請によって子が外国国籍を取得した場合には、適法な法定代理人からの申請とはいえませんので、自己の志望による外国国籍の取得には当たりません。ただし、その外国において国籍取得の要件として他方の親の同意が要求されている場合には、他方の親の意思が反映されていますので、父母の共同申請の場合と同様に、自己の志望による外国国籍の取得に当たるものと解されます。

76

申請により外国国籍を取得した場合、日本の戸籍については、どのような手続が必要ですか。

1　本人の申請により外国国籍を取得した者（未成年者について法定代理人が申請した場合を含む。）は、自己の志望によって外国国籍を取得した者に該当しますので、日本国籍を喪失することになります（法11条）。戸籍制度上、日本国籍を有しない者は、戸籍に記載されないので、このような者については、戸籍から除籍されます（戸籍法23条）。

2　日本国籍を喪失した場合には、本人、配偶者又は四親等内の親族が、その事実を知った日から1か月以内（届出をすべき者がその事実を知った日に国外に在るときは、その日から3か月以内）に、市区町村長（その者が外国に在るときは、その国に駐在する日本の大使、公使又は領事）に国籍喪失の届出をしなければなりません（戸籍法103条）。なお、本人については、国内に在住する場合にのみ届出義務が課せられています。

　また、自己の志望によって外国国籍を取得した者が、日本国籍を喪失しているにもかかわらず、戸籍に記載されたままになっている場合に、官公署がその職務上国籍を喪失した者であることを知ったときには、本籍地の市区町村長に報告しなければならないこととなっています（戸籍法105条）ので、その報告によってその者は戸籍から除籍されることになります。

77

外国人男性と婚姻したことによってその外国の国籍を取得した日本人女性の日本国籍は、どのようになりますか。

1　国籍法は、自己の志望によって外国国籍を取得したときは、日本国籍を喪失することとしていますが（法11条1項）、自己の志望による外国国籍の取得とは、外国国籍の取得を希望する意思表示の直接の効果として外国国籍が付与されることを意味しますので、外国人男性との婚姻という身分行為の当然の結果として日本人女性にその外国国籍が付与される場合は、これには当たらず、日本人女性は、日本国籍を喪失することはありません。

2　外国の国籍法の中には、自国民男性と婚姻した外国人女性は、届出をすることによって自国の国籍を取得するという制度を設けているものもあります。この届出は、婚姻届とは別の国籍取得の意思表示であるので、この届出によって夫の国籍を取得した場合には、自己の志望による外国国籍の取得に当たり、届出をした日本人女性は、日本国籍を喪失することになります。

3　以上のように、外国人男性との婚姻によってその外国の国籍を取得した日本人女性は、当然には日本国籍を喪失しないことから、重国籍者となり、2年以内に、いずれかの国籍を選択しなければならないこととされています（法14条1項）。

外国人父から認知されたことによってその外国の国籍を取得した子の日本国籍は、どのようになりますか。

1　国籍法は、自己の志望によって外国国籍を取得したときは、日本国籍を喪失することとしています（法11条1項）。自己の志望による外国国籍の取得とは、外国国籍の取得を希望する意思表示の直接の効果として外国国籍が付与されることを意味するので、外国人父からの認知という身分行為の当然の結果としてその外国国籍が付与される場合は、これに当たらず、日本国籍を喪失することはありません。

2　したがって、外国人父から認知されたことによってその外国の国籍を取得した子は、当然には日本国籍を喪失せず、重国籍者となります。この重国籍となった時が18歳に達する以前であるときは20歳に達するまでに、重国籍となった時が18歳に達した後であるときはその時から2年以内に、日本か外国のいずれかの国籍を選択しなければなりません（法14条1項）。

3　令和4年4月1日時点で20歳以上の重国籍者については、22歳に達するまでに（20歳に達した後に重国籍になった場合は、重国籍になった時から2年以内に）いずれかの国籍を選択すれば足り、令和4年4月1日時点で18歳以上20歳未満の重国籍者については、同日から2年以内にいずれかの国籍を選択すれば足りることとされています。

79

外国国籍を有する日本国民がその外国の国籍を選択したときは、当然に日本国籍を喪失するのですか。

1　外国国籍を有する日本国民が外国国籍を選択する方法として、日本国籍を離脱する方法（法13条）のほかに、外国の法令に従いその国の国籍を選択する方法（法11条2項）とがあります。

2　外国の法令に従いその国の国籍を選択する方法は、その外国の法制上、国籍法14条と同様の国籍選択制度が採用されている場合に可能です。この場合には、その外国の国籍と日本国籍を有する者が、その国の法令に従って、その外国の国籍を選択する旨の意思を明らかにすることによって、当然に日本国籍を喪失します（法11条2項）。

　　国籍法14条と同様の国籍選択制度を採用している国として、タイ、メキシコ、インドネシア、シンガポール、ブラジル（国外で出生した者のみが対象）等があります。

3　日本国籍を喪失したときは、本人、配偶者又は四親等内の親族は、喪失の事実を知った日から1か月以内（届出人が外国に在るときは、3か月以内）に、国籍の喪失を証する書面を添付して、市区町村長等に国籍喪失の届出をしなければなりません（戸籍法103条）。

生地主義を採る外国で日本人夫婦の子として生まれたため、日本国籍と外国国籍を取得しました。この場合、父母が在外公館への出生の届出を怠ると、日本国籍は、どのようになりますか。

1　国籍法12条は、出生により外国国籍を取得した日本国民で、外国で生まれたものは、戸籍法の定めるところにより日本国籍を留保する意思を表示しなければ、その出生の時に遡って日本国籍を失うと規定しています。これは、国籍の積極的抵触（重国籍）の防止を図るとともに、国籍の不留保を志望による国籍の喪失と見て国籍離脱の自由を実現しようとするものです。

2　戸籍法104条は、国籍留保の意思表示は、出生の届出をすることができる者が、出生の日から3か月以内に、出生の届出とともに日本国籍を留保する旨を在外公館又は市区町村に届け出ることによってしなければならず、天災その他届出をすることができる者の責めに帰することができない事由によって、この期間内に届出をすることができないときは、届出をすることができるに至った時から14日以内に届出をすることができることとしています。

3　生地主義を採る外国で日本人夫婦の子として出生した者は、日本国籍のほかに、その外国の国籍も取得しますので、父母が上記の期間内に出生届とともに国籍留保の届出をしないときは、出生の時に遡って日本国籍を喪失することになります。

81

日本国籍を離脱することができますか。また、日本国籍を離脱するための条件としては、どのようなものがありますか。

1　憲法22条2項は、「何人も、外国に移住し、又は国籍を離脱する自由を侵されない。」と規定しており、これを受けて、国籍法13条1項は、「外国の国籍を有する日本国民は、法務大臣に届け出ることによって、日本の国籍を離脱することができる。」と規定して、自由意思による国籍の離脱を認めています。もっとも、国籍離脱の自由は、国籍離脱の結果、無国籍になる自由まで保障したものではありません。したがって、国籍の離脱は、日本国籍のほかに外国国籍をも有する者に限って認められます。

2　日本国籍を離脱するための条件は、次のとおりです。

(1)　日本国籍を有すること

　　日本国籍を離脱するのですから、その前提として、日本国籍を有していなければならないことはいうまでもありません。したがって、外国国籍の取得の結果、当然に日本国籍を喪失していないかどうかを確認しておく必要があります。例えば、外国国籍の取得が「自己の志望」による場合には、当然に日本国籍を喪失していますし（法11条1項）、また、出生により外国国籍を取得した国外出生者については、日本国籍の留保届をしていなければ、出生時に遡って日本国籍を喪失しています（法12条）。

(2)　外国国籍を有すること

　　ここでいう「外国」とは、国際法上、ある地域が国として承認されているか、又はその地域がある国に属することが承認されて

いることを要し、かつ、日本が独立国として承認している国家であることを要します。したがって、日本の未承認国の国籍を有し、事実上の重国籍者として処遇されている者は、ここにいう外国の国籍を有する者には当たりません。例えば、北朝鮮政府発行の国籍証明書や戸籍謄本又は台湾政府発行の護照や戸籍の謄本を添付した国籍離脱の届出があったとしても、日本が朝鮮半島又は中国における唯一の合法政府として承認している韓国政府又は中華人民共和国政府発行の国籍証明書等の添付がない以上は、これを受理することはできません。なお、外国国籍の取得の原因は問いませんので、その取得は出生によるものであっても、又は出生後の事由によるものであっても差し支えありません。

(3) 届出意思（意思能力）を有すること

　　国籍離脱の届出は、公法上の一種の身分行為ですので、行為者が意思能力を有し、その真意に基づいてされることが必要です。また、この届出は、一身専属的なものであり、代理には親しまない行為ですから、国籍法に特別の定めがある場合（法18条）を除き、他人が代理してすることは許されません。この場合に、他人が代理してした国籍離脱の届出は、絶対的に無効であり、後日、本人からの追認も認められません。

82

外国国籍を取得したいのですが、あらかじめ日本国籍を離脱することはできますか。

1 憲法22条2項には、「何人も、外国に移住し、又は国籍を離脱する自由を侵されない。」と規定されており、これを受けて、国籍法13条1項では、「外国の国籍を有する日本国民は、法務大臣に届け出ることによって、日本の国籍を離脱することができる。」と規定して、自由意思による国籍の離脱を認めています。しかし、国籍離脱の自由は、国籍離脱の結果、無国籍になる自由まで保障したものではありません（第81問参照）。

2 したがって、国籍の離脱は、日本国籍のほかに外国国籍をも有する者、いわゆる重国籍者に限って認められるものですので、外国国籍を取得して重国籍者となる前に、あらかじめ日本の国籍を離脱することはできません。

　なお、国籍法においては、自己の意思で外国国籍を取得した場合、例えば、外国に帰化した場合には、自動的に日本の国籍を失うことになりますし、また、日本国籍と外国国籍を有する重国籍者が、外国の法令によって、当該外国国籍を選択した場合にも、自動的に日本国籍を失います。

83

国籍離脱の手続は、どのようになっていますか。

日本国籍を離脱するためには、法務大臣にその旨を届け出なければなりません。その手続は、次のとおりです。

1　届出人

　国籍を離脱しようとする者が15歳以上であるときはその者が自ら届け出ることを要し、15歳未満であるときはその者の法定代理人が代わって届け出なければなりません（法18条）。

　届出は、届出人自らが法務局、地方法務局又は在外公館へ出頭してしなければなりません（施行規則３条１項、１条１項、３項）。これは、離脱の効果の重要性に鑑み、届出が、その本人から、その真意に基づいてされたものであることを直接確認する必要があるからです。したがって、郵送による届出や使者による届出は、認められません。

2　届出先

　国籍を離脱しようとする者が日本に住所を有するときはその住所地を管轄する法務局又は地方法務局の長を経由して、その者が外国に住所を有するときはその国に駐在する領事官を経由して届出をしなければなりません（施行規則３条１項、１条１項本文）。なお、その者が外国に住所を有する場合であっても、日本に居所を有するときは、その居所地を管轄する法務局又は地方法務局の長を経由して届出をすることもできます（施行規則３条１項、１条１項ただし書）。

3　届出の方法

⑴　届出は、書面でしなければなりません（施行規則３条１項、１

条3項）。届書には、国籍離脱の条件を備えていることを証する
に足りる書類（戸籍謄本、本国官憲発給の外国国籍証明書）、法
定代理人が代わって届け出るときはその資格を証する書面及び外
国語によって作成された添付書面については翻訳者を明らかにし
た訳文を添付しなければなりません（施行規則3条2項、4条、
5条）。

(2) 届書には、国籍を離脱しようとする者の氏名、出生の年月日、
住所及び戸籍の表示、現に有する外国の国籍、法定代理人が代わ
って届け出るときは法定代理人の氏名、住所及び資格を記載し、
届出人が署名しなければなりません（施行規則3条2項、4条）。

4 届出人への通知と市区町村長への報告

法務局又は地方法務局の長は、届出が適法な手続によってされ、
かつ、国籍離脱の条件を備えているときは、その旨を届出人に通知
するとともに、国籍を離脱した者を戸籍から除籍するため、その者
の本籍地の市区町村長に国籍喪失の報告をします（戸籍法105条1
項）。

84

国籍離脱の効果について教えてください。また、その効力は、いつから生ずるのですか。

1　日本国籍を離脱した者は、日本国民としての権利義務を喪失し、以後、外国人として処遇されることになります。したがって、引き続き日本に居住するためには、離脱の日から30日以内に法務大臣に対して在留資格の取得を申請しなければなりません（入管法22条の2第2項）。

　　なお、国籍離脱の効果は、離脱者本人のみに生じ、その配偶者や子などの親族には及びません。

2　国籍離脱の効力は、昭和59年の国籍法改正前においては、離脱届の受理が官報に告示された日に生ずることとされていましたが（昭和59年改正法による改正前の国籍法12条2項）、昭和59年改正法は、国籍の離脱が憲法上保障された権利であること（憲法22条2項）に鑑み、届出者の意思に応じて早期に離脱の効力を生じさせるため、官報告示の要件を廃止し、届出の時に効力を生ずることとしました（法13条2項）。

　　ここでいう「届出の時」とは、法務局、地方法務局の長又は在外公館の領事官に届書が提出されて受け付けられた時と解されています。したがって、その時に離脱の効力が生じており、届出書類が郵便等の事情で法務大臣に到達しないことがあっても、その効力には影響がありません。また、届出の時に効力が生じていますので、届出後に届出人が国籍の離脱を翻意しても、離脱届の撤回又は取下げをすることはできません。

3　国籍離脱の届出をした者が、届出当時、外国国籍を有していなか

ったときに、離脱の効力が生ずるかどうかが問題となります。

　昭和59年の国籍法改正前においては、国籍離脱の届出の受理は、告示を伴う処分でしたので、外国国籍を有していない者からの国籍離脱の届出であっても、これを受理した旨の告示により、その効力が生ずるとの見解が一般的でした。

　しかし、昭和59年改正法は、告示制度を廃止し、国籍離脱の届出がされると、法務大臣による何らの行為を要せずにその効力が生ずることとしましたので、外国国籍を有していない者からの国籍離脱の届出は、その条件を欠くものとして、効力を生じないと解されています。

85

日本国籍と外国国籍を有するため、日本国籍の選択宣言を
しました。その後、その外国の公務員となった場合、日本
国籍を喪失するのですか。

1　日本国籍の選択宣言とは、日本国籍と外国国籍を有する重国籍者
　が、日本国籍を選択し、外国国籍を放棄することを宣言して、以後、
　外国国籍に伴う権利や特権を行使しない旨を宣明することです。日
　本国籍の選択宣言によって当然に外国国籍を喪失するかどうかは、
　その外国の国籍法の定めによることとなりますが、当然には外国国
　籍を喪失しない場合には、選択宣言をした者は、外国国籍の離脱に
　努めなければなりません（法16条1項）。

2　選択宣言によって当然には外国国籍を喪失しない場合に、選択宣
　言をした者がその外国国籍を有することを要件とする権利や特権を
　自己の志望により行使することは、選択宣言をしたことと矛盾する
　と考えられます。そこで、国籍法は、選択宣言をした者がその外国
　国籍を有することを就任の要件とする外国の公務員の職に就任した
　場合において、その就任が日本国籍を選択した趣旨に著しく反する
　と認めるときは、法務大臣がその者に対して日本国籍の喪失宣告を
　することができることとしています（法16条2項）。日本国籍の喪
　失宣告が外国の公務員の職への就任の場合に限定されているのは、
　この場合には、その外国との継続的で強固な公法上の法律関係が生
　じ、外国国籍の選択の意思が確定的になったと認められるからです。
　したがって、日本国籍を選択した趣旨に著しく反すると認めるとき
　とは、その公務員の職が公権力の行使又は公の意思の形成に関与す
　るものである場合のことであって、肉体的、機械的労務を内容とす

るものや臨時的な職に就くことは、これには当たらないと解されて
います。

3　法務大臣は、日本国籍の喪失宣告をしようとするときは、行政手
続法の規定に従って聴聞を行わなければなりません（行政手続法13
条）。聴聞の期日における審理は、公開で行われ（法16条3項）、宣
告の対象者は、聴聞の期日に出頭して、意見を述べ、証拠を提出す
ることができます（行政手続法20条）。

4　国籍の喪失宣告は、官報に告示して行われ（法16条4項）、宣告
を受けた者は、告示の日に日本国籍を喪失することとなります（法
16条5項）。この宣告は、行政処分ですので、これに不服がある者
は、行政事件訴訟法による処分の取消しの訴えを提起することがで
きますが（行政事件訴訟法3条2項）、聴聞を経てされた不利益処
分であることから、行政不服審査法による異議申立てをすることは
できません（行政手続法27条）。

第3節　国籍の留保

86

国籍の留保とは、どのような制度ですか。

1　出生により外国国籍を取得した日本国民で、国外で生まれたもの
　は、戸籍法の定めるところにより日本国籍を留保する意思を表示し
　なければ、その出生の時に遡って日本国籍を失うこととされていま
　す（法12条）。これは、国籍の積極的抵触（重国籍）の防止を図る
　とともに、国籍留保の意思表示をしないことを志望による国籍の喪
　失と見て国籍離脱の自由を実現しようとするものです。

　　国籍の留保の対象者が国外出生子に限られているのは、国外出生
　子の場合には、国内出生子に比べて、外国との結合性が強い反面、
　日本との結合性が弱いことが考慮されたからです。したがって、国
　籍留保制度には、形骸化した日本国籍の発生を防止するとともに、
　戸籍に記載されない日本国民の発生を防止して戸籍上日本国民の範
　囲を明らかにするという機能があります。

2　国籍の不留保により日本国籍を喪失する者は、出生によって外国
　国籍を取得した者であり、かつ、国外で生まれた者でなければなり
　ません。

　　単に外国国籍を有するだけでなく、その取得が出生によるもので
　あることが必要ですが、出生による取得であれば、それが生地主義
　によるものであるか血統主義によるものであるかは問いません。な
　お、生地主義国に駐在する日本の大使、公使、参事官、書記官等の
　外交特権が認められている政府職員の子がその駐在国で出生した場
　合には、その子は、同国の出生による国籍取得に関する法律の適用

160

を受けないのが通例であるので、日本国籍を留保するまでもなく、引き続き日本国籍を保有することとなります。

3 国籍留保の意思表示は、出生の届出をすることができる者が、出生の日から3か月以内に、出生の届出とともに日本国籍を留保する旨を届け出ることによってしなければならず、天災その他届出をすることができる者の責めに帰することができない事由によって、この期間内に届出をすることができないときは、届出をすることができるに至った時から14日以内に届出をすることができます（戸籍法104条）。

4 上記期間内に国籍留保の届出をしないときは、出生の時に遡って日本国籍を失うこととなりますので、その者については、戸籍に記載されず、したがって、出生及び国籍喪失の記載もされません。

なお、国籍の不留保により日本国籍を喪失した者は、18歳未満（令和6年3月31日までは、20歳未満）であって、かつ、日本に住所を有するときは、法務大臣への届出により日本国籍を再取得することができます（法17条1項、平成30年改正法附則13条4項）。

87

国籍の留保をしなければならないのは、どのような場合ですか。

1　日本国籍を喪失しないために国籍の留保をしなければならないのは、次の要件を満たしている場合です。

(1)　日本国外で生まれたこと

　　この要件は、国外で生まれた者は、国内で生まれた者に比べて、日本との地縁的結合性が薄いことが考慮されたものです。

(2)　出生によって日本国籍のほかに外国国籍も取得していること

　　出生によって日本と外国の重国籍となっていることが必要ですが、外国国籍の取得の原因は問いません。

　　昭和59年の国籍法改正前は、外国国籍の取得原因は、生地主義による取得に限定されていましたが、改正後は、血統主義による取得も含むこととされました。これは、上記改正により、出生による国籍取得に関する父系血統主義が父母両系血統主義に改められたことに伴い、重国籍者の発生が大幅に増加することが予想されたことから、国籍の積極的抵触の防止をより徹底するために国籍留保制度の適用範囲が拡大されることになったものです。

2　なお、国籍留保制度の沿革は、次のとおりです。

(1)　旧国籍法

　　国籍留保制度は、大正13年の旧国籍法の改正によって、初めて採用されました。この制度においては、勅令で指定する国で生まれたことによってその国の国籍を取得した日本国民のみが対象とされていました（旧国籍法20条ノ2第1項）。

　　勅令で指定された生地主義国は、当初、アメリカ、アルゼンチ

ン、ブラジル、カナダ、チリ及びペルーの6か国でしたが、その後にメキシコが追加されました。

(2)　昭和59年改正前国籍法

　昭和25年7月1日から施行された国籍法は、対象者を、全ての生地主義国で生まれたことによってその国の国籍を取得した日本国民に拡大しました(昭和59年改正法による改正前の国籍法9条)。

(3)　昭和59年改正後国籍法

　昭和59年の国籍法改正により、対象者が、生地主義国で生まれたことによってその国の国籍を取得した日本国民のみならず、血統主義により外国国籍を取得した日本国民で国外で生まれたものにも拡大されました（法12条）。

88 国籍の留保は、どのようにして行うのですか。

　日本国籍を留保する意思表示は、戸籍法の定めるところによりすることとされています（法12条）。

1　届出人

　国籍を留保する旨の届出をすることができる者は、(1)嫡出子については父又は母（子の出生前に父母が離婚した場合には、母）、(2)嫡出でない子については母、(3)父又は母が届出をすることができない場合には父母以外の法定代理人とされています（戸籍法104条1項、52条）。

　なお、出生届については、父又は母が届出をすることができない場合には、同居者のほか、出産に立ち会った医師、助産師その他の者も、届出義務者とされていますが（戸籍法52条3項）、これらの者は、国籍留保の届出をすることはできません（戸籍法104条1項括弧書き）。

　国籍留保の届出人をこのように限定したのは、国籍の得喪に関する重要な事柄であることから、一般的に子と密接な関係にある父母、後見人その他の法定代理人の決定に委ねるのが適当であると考えられたためです。ただし、これは、届出人を日本人に限るという趣旨ではないので、上記(1)から(3)までに該当すれば、外国人であっても届出をすることができます。

2　届出期間

　原則として、出生の日から3か月以内ですが（戸籍法104条1項）、天災その他届出人の責めに帰することができない事由によって、この期間内に届出をすることができないときは、届出をすることがで

164

きるようになった時から14日以内であれば、例外的に届出をすることができることとされています（戸籍法104条3項）。

3　届出先

　国籍留保制度の適用は、国外出生子に限定されますから、通常は、その外国に駐在する日本の在外公館に届け出ることとなりますが（戸籍法40条）、本籍地の市区町村役場に直接届け出ることも可能です（戸籍法25条）。

4　届出方法

　国籍留保の届出は、出生の届出とともにしなければなりません（戸籍法104条2項）。

　出生届については、届書の様式が定められていますが（戸籍法49条、戸籍法施行規則附録11号）、国籍留保届については、特に届書の様式というものは定められていません。実務上は、出生の届書の「その他」欄に「日本国籍を留保する」旨を記載することによって処理されています。在外公館備付けの届書用紙には、届出人の便宜を図るために、「日本国籍を留保する」との文字が印刷されていますので、その右側の「署名」欄に届出人が署名をすればよいことになっています（次頁参照）。

出 生 届

令和　年　月　日届出

大 使　　殿
総領事

公館印

書類調査	戸籍記載	記載調査	調査票	附 票	住民票	通 知

(1)	子 の 氏 名	（よみかた）　　　氏　　　　　名	父母との続き柄	□嫡 出 子　　　□嫡出でない子	（　）□男　□女
(2)	生まれたとき	令和　年　月　日　□午前　□午後		時　　分	
(3)	生まれたところ			番地番　　号	
(4)	住　　　所	世帯主の氏名	世帯主との続き柄		

生まれた子

(5)	父 母 の 氏 名生 年 月 日（子が生まれたときの年齢）	父　　　　　　　　　　年 月 日(満　歳)	母　　　　　　　　　　年 月 日(満　歳)
(6)	本 籍 及 び国　　籍	筆頭者の氏名　　　　　　父の国籍	番地番　　　　母の国籍
(7)	同居を始めたとき	年　　　　月	結婚式をあげたとき、または、同居を始めたときのうち早いほうを書いてください
(8)	子が生まれたときの世帯のおもな仕事と	□1. 農業だけまたは農業とその他の仕事を持っている世帯□2. 自由業・商工業・サービス業等を個人で経営している世帯□3. 企業・個人商店等（官公庁は除く）の常用勤務者世帯で勤め先の従業者数が1人から99人までの世帯（日々または1年未満の契約者は5）□4. 3にあてはまらない常用勤務者世帯及び会社団体の役員の世帯（日々または1年未満の契約の雇□5. 1から4にあてはまらないその他の仕事をしている者のいる世帯□6. 仕事をしている者のいない世帯	
(9)	父 母 の 職 業	（国勢調査の年…　年…の4月1日から翌年3月31日までに子が生まれたときだけ書いてください）父の職業　　　　　　　　　　　母の職業	

生まれた子の父と母

その他

日本国籍を留保する	署　名（※押印は任意）	印

届出人	□1. 父　□2. 法定代理人（　）　□3. 同居者　□4. 医師　□5. 助産師　□6. その他の立会者　□7. 公設所の長□　母
	住所
	本籍　　　　　　　　　　番地番　　筆頭者の氏名
	署名　　　　　　　　　　印　　　　　　　　年　月　日生（※押印は任意）

事 件 簿 番 号	

（届出人の連絡先及び電話番号　　　　　　　　　　　　　　　）

記入の注意

1. 届書はすべて日本語で書いてください。また鉛筆や消えやすいインキで書かないでください。
2. 子が生まれた日からかぞえて3か月以内に出生地の大使館または、(総)領事館に出してください。
3. **外国で生まれ、出生によって外国の国籍をも取得した子について、日本国籍を留保しようとするときは、3か月以内に届出を行わないと受理できなくなりますので、届出が遅れないよう特に注意してください。**この場合は、必ず父か母(又は子の法定代理人)が届出人となってその他欄の「**日本国籍を留保する**」欄に署名してください。
4. 子の名は常用漢字、人名用漢字、かたかな、ひらがなで書いてください。
5. □にあてはまるものに☑のようにしるしをつけてください。
6. 生まれたところは、生まれたときとともに戸籍に書かれますので、くわしく国名から番地まで書いてください。なお、病院名を書く必要はありません。
7. 日本人父または母について本籍と筆頭者(戸籍の一番最初に書いてある人)の氏名を書いてください。父の国籍と母の国籍をそれぞれ書いてください。
8. 子の父または母がまだ戸籍の筆頭者となっていない場合は、新しい戸籍がつくられますので、「その他」欄に希望する本籍を書いてください。
9. 届書は2通(新しい戸籍がつくられる場合に今までと別の市区町村につくりたいときは3通)出してください。
10. 日本国籍を留保し重国籍となった者は20才までに日本国籍を選択し、外国籍を放棄する旨の宣言を行わないと**日本国籍を喪失する**ことがありますので、注意してください。
11. 届け出られた事項は、人口動態調査(統計法に基づく基幹統計調査、厚生労働省所管)にも用いられます。

出生証明書について

出生を証する書面としては、原則として外国官公署の発行する出生登録証明書を添えて出してください。

ただし、医師の作成した出生証明書であっても差し支えありません。外国文の証明書には翻訳者を明らかにした訳文を添付してください。

なお、医師が日本語で記入することができるときは、下記の出生証明書欄を使用しても差し支えありません。

出 生 証 明 書

子 の 氏 名		男女の別	1男　2女
生まれたとき	令和　年　月　日　午前／午後　時　分		

(10) 出生したところ及びその種別
- 出生したところの種別：1病院　2診療所　3助産所　4自宅　5その他
- 出生したところ：番地　番号
- (出生したところの種別1〜3) 施設の名称

(11) 体重及び身長：体重　グラム　身長　センチメートル

(12) 単胎・多胎の別：1単胎　2多胎(　子中第　子)

(13) 母の氏名：妊娠週数　満　週　日

(14) この母の出産した子の数：出生子(この出生子及び出生後死亡した子を含む)　人　死産児(妊娠満22週以後)　胎

(15) 1 医師　2 助産師　3 その他：上記のとおり証明する。令和　年　月　日　(住所)　番地　番号　(氏名)

出生証明書記入の注意

1. 夜の12時は「午前0時」、昼の12時は「午後0時」と書いてください。
2. 出生証明書(11)欄の体重及び身長は、立会者が医師又は助産婦以外の者で、わからなければ書かなくてもかまいません。
3. 出生証明書(14)欄のこの母の出産した子の数は、当該母又は家人などから聞いて書いてください。
4. この出生証明書の作成者の順序は、この出生の立会者が例えば医師・助産婦とともに立会った場合には医師が書くように1. 2. 3. の順序に従って書いてください。

167

国籍留保の届出をしなかった場合、日本国籍は、どのようになりますか。

1 　出生の日から３か月以内に国籍留保の届出をしないときは、出生の時に遡って当然に日本国籍を喪失します（法12条）。したがって、国籍の不留保者については、出生の事実も国籍喪失の事実も戸籍に記載されません。このように、国籍留保の制度は、戸籍に記載されない日本国民の発生を防止し、戸籍上日本国民の範囲を明らかにするという機能を有しています。

2 　国籍留保の届出は、戸籍法の定めるところにより行わなければなりません。したがって、特段の理由もなく期間を経過してされた届出や届出資格のない者からの届出は、受理されませんし、仮に、誤って受理されたとしても、その効力が生じることはありません。

3 　国籍の不留保により日本国籍を失った者は、18歳未満（令和６年３月31日までは、20歳未満）であって、日本に住所を有するときは、法務大臣への届出によって日本国籍を再取得することができます（法17条１項、平成30年改正法附則13条４項）。18歳以上の場合には、帰化の方法によることになりますが、「日本の国籍を失った者」として、緩和又は免除された帰化条件の適用を受けることができます（法８条３号）。

90

天災等のために届出期間内に国籍留保の届出ができなかった場合でも、日本国籍を喪失するのですか。

1 国籍留保の届出期間は、出生の日から3か月以内とされていますが（戸籍法104条1項）、天災その他届出人の責めに帰することができない事由によって期間内に届出をすることができない場合があることから、このような場合には、届出をすることができるようになった時から14日以内であれば、例外的に届出をすることができることとされています（戸籍法104条3項）。

2 ここでいう「届出人の責めに帰することができない事由」とは、天災に準ずる事由として規定されていますから、極めて限定的に解釈されています。例えば、(1)届書が郵送途中に紛失した場合、(2)在外公館が閉鎖され、交通及び通信手段が途絶えた場合などでは、上記事由に当たるとされていますが、「仕事のため多忙であった」とか、「国籍留保に関する法令を知らなかった」等の理由では、上記事由には当たらないとされています。なお、上記事由があることは、届書において明らかにするとともに（実務上は、「遅延理由書」を添付します。）、届出人がその証明をしなければならないこととされています。

国籍留保の届出をしなかったために日本国籍を喪失しました。再度、日本国籍を取得するためには、どのようにすればよいのですか。

1　国籍留保の届出をしなかったために出生の時に遡って日本国籍を喪失した者が、再度、日本国籍を取得する方法には、帰化許可の申請による方法と国籍再取得の届出による方法とがあります。

2　帰化許可の申請の方法による場合には、国籍法8条3号の「日本の国籍を失った者」に該当しますから、日本に住所があれば、同法5条1項1号の住所条件、2号の能力条件及び4号の生計条件を備えていなくても、帰化が許可されることになります。

　帰化許可の申請は、その者の住所地を管轄する法務局又は地方法務局に本人自らが出頭して書面によってしなければなりません（施行規則2条。第61問参照）。

3　国籍再取得の届出の方法（法17条1項）は、昭和59年の国籍法改正によって新設されたものです（第40問参照）。この方法は、18歳未満（令和6年3月31日までは、20歳未満）の者についてのみ認められていますので、18歳以上の者については、帰化許可の申請の方法によるほかはありません。

　この届出も、その者の住所地を管轄する法務局又は地方法務局に本人自らが出頭して書面によってしなければなりません（施行規則1条）。

第4節　国籍の選択

92

国籍の選択とは、どのような制度ですか。

1　国籍法は、重国籍の発生を防止し、これを解消するため、日本への帰化について重国籍とならないことを条件とするほか（法5条1項5号）、国籍の喪失制度（法11条）、国籍の留保制度（法12条）、国籍の離脱制度（法13条）を設けています。

　　しかし、これだけでは、重国籍者を解消することはできません。特に、昭和59年の国籍法改正により、重国籍の発生防止の観点からすると実効性のあった父系血統主義が父母両系血統主義に改められた結果、血統による重国籍者が飛躍的に増大することとなりました。そこで、これを解消するために新設されたのが、国籍の選択制度です。

2　国籍の選択制度は、重国籍者に所定の期限までに日本国籍か外国国籍のどちらかを選んでもらおうというものです。すなわち、外国国籍を有する日本国民は、重国籍となった時が18歳に達する以前であるときは20歳に達するまでに、重国籍となった時が18歳に達した後であるときはその時から2年以内に、日本国籍か外国国籍のいずれかを選択しなければなりません（法14条1項）。

3　令和4年4月1日時点で20歳以上の重国籍者については、22歳に達するまでに（20歳に達した後に重国籍になった場合は、重国籍になった時から2年以内に）いずれかの国籍を選択すれば足り、令和4年4月1日時点で18歳以上20歳未満の重国籍者については、同日から2年以内にいずれかの国籍を選択すれば足りることとされています。

国籍の選択は、いつまでに行わなければならないのですか。

1 　重国籍者は、日本と外国の重国籍となった時が18歳に達する以前であるときは20歳に達するまでに、重国籍となった時が18歳に達した後であるときはその時から2年以内に、日本国籍か外国国籍のいずれかを選択しなければなりません（法14条1項）。

　この選択期限は、国籍選択義務の履行期限にすぎず、選択期限を徒過した場合であっても、重国籍者の選択義務がなくなるわけではありません。したがって、選択期限内にいずれかの国籍を選択していない重国籍者は、選択期限経過後であっても、自発的にいずれかの国籍を選択することができ、また、選択しなければなりません。

2 　国籍の選択制度は、昭和59年の国籍法改正によって新設されたものであるため、昭和59年改正法の施行（昭和60年1月1日）前に重国籍となっていた者については、経過措置が設けられ、その施行の時に国籍選択義務のある重国籍となったものとみなすこととされました（昭和59年改正法附則3条前段）。ただし、これらの者については、従来、国籍の選択義務が課されていなかったことを考慮し、選択期限内に国籍の選択をしなかったときでも、その期限の到来時に日本国籍の選択の宣言をしたものとみなすこととされました（昭和59年改正法附則3条後段）。

3 　令和4年4月1日時点で20歳以上の重国籍者については、22歳に達するまでに（20歳に達した後に重国籍になった場合は、重国籍になった時から2年以内に）いずれかの国籍を選択すれば足り、令和4年4月1日時点で18歳以上20歳未満の重国籍者については、同日から2年以内にいずれかの国籍を選択すれば足りることとされています。

94

国籍の選択は、どのように行うのですか。

国籍の選択の方法は、次のとおりです。

1　外国国籍を選択する方法

外国国籍を選択する方法には、次の二つの方法があります。

(1)　日本国籍を離脱する方法（法13条）

日本国籍と外国国籍を有する重国籍者は、法務大臣に届出をすることによって自由に日本国籍を離脱することができます（第81問、第83問参照）。

(2)　外国の法令に従いその外国の国籍を選択する方法（法11条2項）

外国の法制上、国籍法14条と同様の国籍選択制度が採用されている場合、その外国の法令に従ってその外国の国籍を選択したときは、当然に日本国籍を喪失します（第79問参照）。

2　日本国籍を選択する方法

日本国籍を選択する方法には、次の二つの方法があります。

(1)　外国の法令に基づいてその外国の国籍を離脱する方法（法14条2項前段）

日本国籍と外国国籍を有する重国籍者が、その外国の法令に基づいてその国の国籍を離脱（喪失）すれば、重国籍は解消されます。

(2)　日本国籍の選択宣言をする方法（法14条2項後段）

日本国籍の選択宣言とは、日本国籍と外国国籍を有する重国籍者が、日本国籍を維持し、外国国籍を放棄することを宣言して、以後、外国国籍に伴う権利や特権を行使しない旨を日本に対して

宣明することです。この選択宣言によって、当然に外国国籍を喪失するかどうかは、その外国の法令の定めるところによります。したがって、選択宣言の結果、当然には外国国籍を喪失しない場合には、外国国籍の離脱に努めなければなりませんが（法16条1項）、選択義務は既に履行したことになりますので、法務大臣から選択の催告（法15条）を受けることはありません。

〔国籍の選択の方法〕

```
                        ┌──────────┐
                        │ 国籍の選択 │
                        └──────────┘
              ┌───────────────┴───────────────┐
        ┌──────────┐                    ┌──────────┐
        │ 外国国籍の選択 │                    │ 日本国籍の選択 │
        └──────────┘                    └──────────┘
        ┌──────┴──────┐              ┌──────┴──────┐
   ┌────────┐  ┌────────┐      ┌────────┐  ┌────────┐
```

日本国籍の離脱（法13条）	外国法令による外国国籍の選択（法11条2項）	外国国籍の離脱（法14条2項前段）	日本国籍の選択宣言（法14条2項後段）
外国国籍のみとなり、重国籍は解消される。		日本国籍のみとなり、重国籍は解消される。	（外国の法令によっては）外国国籍を喪失せず、重国籍は解消されない。
			外国国籍の離脱の努力（法16条1項）

174

95

期限内に国籍の選択を行わないときは、どのようになりますか。

1　国籍の選択期限は、義務の履行期限ですから、期限経過後であっても、重国籍者は、国籍の選択義務を負うことに変わりはなく、自発的に国籍の選択をしなければなりません。期限経過後も国籍の選択をしない者に対しては、国籍法上、法務大臣が、書面により、国籍の選択をすべきことを催告することができることとされています（法15条 1 項）。そして、国籍法上、この催告を受けた者は、催告を受けた日から 1 か月以内に国籍の選択をしなければ、その期間が経過した時に自動的に日本国籍を失うこととされています（法15条 3 項本文）。ただし、催告を受けた者が、天災その他その者の責めに帰することができない事由によって、その期間内に国籍の選択をすることができない場合には、選択をすることができるに至った時から 2 週間以内であれば、国籍を選択することができることとされています（法15条 3 項ただし書）。

2　法務大臣の催告は、書面によってすることとされていますが、これを受けるべき者の所在を知ることができないとき、その他書面によって催告をすることができないやむを得ない事情があるときは、催告すべき事項を官報に掲載してすることができ、この場合における催告は、官報に掲載された日の翌日に到達したものとみなすこととされています（法15条 2 項）。したがって、官報に掲載された日の翌日から 1 か月以内に日本国籍の選択をしないときは、天災その他その者の責めに帰することができない事由がある場合を除き、その期間が経過した時に日本国籍を失うことになります（法15条 3 項）。

3　ところで、官報掲載の方法による催告の場合には、催告を受ける者が現実に官報を見ることはあまり期待できませんので、催告されていることを知らないのが通常であると考えられます。そこで、官報掲載の方法による催告を受けて日本国籍を失った者については、法務大臣への届出により日本国籍を再取得することができることとされています（法17条2項）。ただし、この再取得は、国籍の選択制度の趣旨に鑑み、再取得の結果、重国籍となる場合には認められません。

　なお、再取得の届出は、日本国籍を失ったことを知った時から1年以内にしなければなりませんが、天災その他その者の責めに帰することができない事由によってその期限内に届け出ることができないときは、その期間は、届出が可能となった時から1か月以内とされています（法17条2項）。

96

国籍の選択は、本人が行わなければならないのですか。

1　日本国籍と外国国籍を有する重国籍者は、所定の期限までにいず
れかの国籍を選択しなければならないとされています（法14条 1
項）。国籍の選択を行う方法としては、外国国籍を選択する場合に
は、①日本国籍を離脱する方法（法13条）と、②外国の法令に従い
その外国国籍を選択する方法（法11条 2 項）のいずれかによって行
い、日本国籍を選択する場合には、③外国の法令に基づいてその外
国の国籍を離脱する方法（法14条 2 項前段）と、④日本国籍の選択
宣言をする方法（法14条 2 項後段）のいずれかによって行います。

2　国籍の選択は、上記いずれかの方法によって行うことになります
が、その手続を誰がしなければならないかは、それぞれの方法によ
り異なります。

①　日本国籍を離脱する方法による場合

　　日本国籍の離脱は、国籍を離脱しようとする者が15歳以上であ
るときは本人自らが、15歳未満であるときはその者の法定代理人
が代わって法務大臣に届け出なければなりません（法18条）。

②　外国の法令に従いその外国国籍を選択する方法による場合

　　この方法による場合は、外国の法令に定める方式にしたがって
外国国籍の選択を行うことになります。なお、外国国籍の選択に
より日本国籍を喪失したときは、本人、配偶者又は四親等内の親
族は、市区町村長等に国籍喪失届をする必要があります（戸籍法
103条）。

③　外国の法令に基づいてその外国の国籍を離脱する方法による場
合

この方法による場合も、外国の法令に定める方式に従って外国の国籍を離脱することになります。外国国籍喪失者は、市区町村長等に外国国籍喪失届をする必要があります（戸籍法106条）。その場合の届出人は、本人ですが、本人が未成年の場合は、その法定代理人が届出義務者となります（戸籍法31条）。

④　日本国籍の選択宣言をする方法による場合

　日本国籍の選択宣言は、選択の宣言をしようとする者が15歳以上であるときは、本人自らが市区町村長等に届け出ることを要し、15歳未満であるときはその者の法定代理人が代わって届け出なければなりません（法18条）。

97

日本国籍の離脱は、どのように行うのですか。

1　日本国籍と外国国籍を有する重国籍者は、法務大臣に届け出ることによって、日本国籍を離脱することができます（法13条）。

　　日本国籍を離脱するためには、①日本国籍を有すること、②外国国籍を有すること、③届出意思（意思能力）を有することが必要とされています（第81問から第83問まで参照）。

2　国籍離脱の届出は、国籍を離脱しようとする者が日本に住所を有するときはその住所地を管轄する法務局又は地方法務局の長を経由して、その者が外国に住所を有するときはその国に駐在する領事官を経由してしなければなりません（施行規則3条1項、1条1項）。

　　この届出は、国籍を離脱しようとする者自らが法務局、地方法務局又は在外公館へ出頭してしなければなりません（施行規則3条1項、1条1項、同条3項）が、国籍を離脱しようとする者が15歳未満であるときはその者の法定代理人が代わって届け出なければなりません（法18条）。

外国の法令に従いその外国の国籍を選択するには、どのようにすればよいのですか。

　外国国籍を選択する場合として、外国の法令に従いその外国の国籍を選択する方法があります（第79問参照）。

　外国の法令に従い外国国籍を選択する方法は、その外国の法制上、国籍法14条と同様の国籍選択制度が採用されている場合に可能です。この場合には、その外国国籍と日本国籍を有する者が、その外国の法令に従って、その外国国籍を維持し、日本国籍を放棄する旨の意思を明らかにすることによって、当然に日本国籍を喪失することになります（法11条2項）。

　外国国籍の選択は、外国法令の定める方式に従い、外国の政府あるいは裁判所等に対し適法にされたものであることを要し、単なる事実行為は含まれませんが、外国法令の定める方式であれば、宣言、宣誓、届出等その他具体的方法は問いません。

99

外国の法令に従いその外国の国籍を選択した場合、日本の戸籍についてはどのような手続が必要ですか。

　日本国籍と外国国籍を有する重国籍者が、外国の法令に従いその外国の国籍を選択した場合は、当然に日本国籍を喪失します（法11条2項）。

　日本国籍を喪失したときは、本人、配偶者又は四親等内の親族は、国籍喪失の事実を知った日から1か月以内（届出義務者がその事実を知った日に国外に在る場合は、その日から3か月以内）に、市区町村長（外国に在る者は、その国に駐在する日本の大使、公使又は領事）に国籍喪失届をしなければなりません（戸籍法103条1項）。

　また、国籍喪失の届出をするには、届書に国籍喪失の原因及び年月日を記載し、国籍の喪失を証する書面を添付しなければなりません（戸籍法103条2項）。

100

外国の法令に基づいてその外国の国籍を離脱するためには、どのようにすればよいのですか。

　日本国籍を選択する方法として、外国の法令に基づいてその外国の国籍を離脱する方法があります（法14条 2 項前段）。

　それぞれの国は、主権を有し、その主権の及ぶ国民の範囲を自ら決定することができるというのが、国籍立法に関する国際法上の原則とされています。したがって、外国国籍を有する日本人が外国国籍を離脱するには、当該外国の国籍法に基づいて、当該外国官憲において外国国籍の離脱の手続を行う必要があります。

　なお、重国籍者が日本国籍を選択し、日本国籍だけを有する者になろうとしても、外国の国籍法が当該外国の国籍を離脱することを認めていなければ、日本国籍だけを有する者になるという目的は達せられない場合があります。これは、諸外国には、法制上国籍の離脱を認めない国や離脱に許可を必要とする国、あるいは、未成年の間や兵役を終えないうちは離脱を認めないことにしている国など、国籍の離脱に制限を加えているところが少なからずあるためです。

　したがって、日本国籍と外国国籍を有する重国籍者が、外国国籍を離脱して日本国籍だけを有する者になり得るか否かは、外国の法制次第ということになります。

101

外国の法令に基づいてその外国の国籍を離脱した場合、日本の戸籍についてはどのような手続が必要ですか。

1　日本国籍と外国国籍を有する重国籍者が外国国籍を喪失（離脱）した場合は、外国国籍喪失届をする必要があります。これは、昭和59年に国籍法及び戸籍法の一部が改正されたことによって新しく設けられた戸籍の届出制度です。つまり、重国籍者が外国国籍を離脱することも日本国籍を選択する方法の一つとされており、日本国籍の選択宣言と同様に、外国国籍を喪失した場合はその旨の届出をさせ、これを戸籍に記載すべきものとされたものです。外国国籍を喪失した場合には、重国籍状態が解消し、国籍選択の催告をされることがなくなるので、その旨が戸籍に記載されることが本人にとっても利益であり、望ましいと思われるからです。

2　外国国籍喪失者は、喪失の事実を知った日から1か月以内（届出人が外国に在るときは、3か月以内）に、市区町村長等に外国国籍喪失届をしなければなりません（戸籍法106条1項）。届出をしなければならないのは、本人ですが、本人が未成年者又は成年被後見人である場合は、その法定代理人が届出義務者となりますが、未成年者又は成年被後見人が届出をすることもできます（戸籍法31条）。届書には、外国国籍の喪失原因及び年月日を記載し、外国官公署の発行する国籍離脱証明書、国籍を喪失した旨の記載のある外国の戸籍謄本その他の外国の国籍を喪失したことを証すべき書面を添付することとされています（戸籍法106条2項）。

日本国籍の選択宣言は、どのように行うのですか。

　日本国籍の選択宣言は、選択の宣言をしようとする者が、戸籍法
104条の2の規定により市区町村長に届出をすることによって行います（法14条2項後段）。

1　届出人

　選択の宣言をしようとする者が15歳以上であるときは、本人が届け出ることを要し、15歳未満であるときはその者の法定代理人が代わって届け出なければなりません（法18条）。

2　届出期間

　18歳に達する以前に重国籍になった者は、20歳に達するまでに、18歳に達した後に重国籍になった者は、その時から2年以内にいずれかの国籍を選択する義務が課せられています（法14条1項）。この国籍の選択期限は義務の履行期限であり、期間経過後であっても国籍の選択義務があることに変わりありませんから、国籍選択の届出は、期限を経過した後であっても、国籍の選択をすべき者が日本国籍又は外国国籍を喪失するまではすることができます。

　なお、令和4年4月1日時点で20歳以上の重国籍者については、22歳に達するまでに（20歳に達した後に重国籍になった場合は、重国籍になった時から2年以内に）いずれかの国籍を選択すれば足り、令和4年4月1日時点で18歳以上20歳未満の重国籍者については、同日から2年以内にいずれかの国籍を選択すれば足りることとされています。

3　届出方法

届書には、国籍選択宣言をする旨と国籍の選択をする者が有する全

ての外国の国籍を記載しなければなりませんが（戸籍法104条の２）、国籍を証する書面を添付する必要はありません。

103

日本国籍の選択宣言をすれば、国籍の選択義務を履行したことになるのですか。

1　日本国籍と外国国籍を有する重国籍者は、所定の期限までに日本国籍か外国国籍のいずれかを選択しなければなりませんが、その方法の一つとして、日本国籍を選択し、かつ、外国国籍を放棄する旨の宣言（日本国籍の選択宣言）をすることができます（法14条）。
　したがって、日本国籍の選択宣言をすれば、国籍の選択義務を履行したことになりますので、これにより当然には外国国籍を喪失しない場合であっても、法務大臣から国籍選択の催告を受けることはありません。

2　日本国籍の選択宣言によって外国国籍を当然に喪失するかどうかは、その外国の国籍法の定めによることとなりますので、外国国籍を喪失しない場合には、その離脱に努めなければなりません（法16条1項）。

3　なお、日本国籍の選択宣言をした者が、外国国籍を離脱しないのみならず、外国国籍を有することを就任の要件とする外国の公務員の職に就任した場合において、その就任が日本国籍を選択した趣旨に著しく反すると認められるときは、法務大臣が日本国籍の喪失宣告をすることができることとされています（法16条2項から5項まで。第85問参照）。

104

昭和59年改正国籍法の施行時に既に重国籍となっていた者の国籍の選択については、どのように定められていますか。

1　国籍の選択制度は、昭和59年の国籍法改正により、出生による国籍の取得に関する父系血統主義が父母両系血統主義に改められたことに伴い、飛躍的に増加することとなった重国籍の解消を図るために新設されたものです。したがって、その直接の対象となるのは、昭和59年改正法の施行後に重国籍となる者ですが、重国籍者は、同法の施行前から存在していたので、国籍立法の理想とされる国籍唯一の原則（第15問参照）を実現するために、同法は、既存の重国籍者についても、国籍の選択義務を課すこととしました。

2　しかし、既存の重国籍者については、従来、国籍の選択義務が課されていなかったことから、昭和59年改正法は、既存の重国籍者の国籍の選択に関し、選択の期限及び期限内に国籍の選択をしなかった場合の取扱いについて経過措置を定めました（昭和59年改正法附則3条）。

　まず、選択の期限については、昭和59年改正法の施行時（昭和60年1月1日）に重国籍になったものとみなすこととしています。したがって、既存の重国籍者は、昭和60年1月1日に20歳未満であったときは22歳までに、また、その日に20歳以上になっていたときはその日から2年以内に、国籍を選択しなければなりません。

　次に、期限内に国籍の選択をしなかった場合の取扱いについては、期限が到来した時に日本国籍の選択宣言をしたものとみなすこととしています。したがって、既存の重国籍者は、期限内に国籍の選択をしなかった場合でも、法務大臣から選択の催告を受けることがな

く、日本国籍を喪失することはありません。

3　このように、既存の重国籍者は、期限内に国籍の選択をしないときは、期限が到来した時に日本国籍の選択宣言をしたものとみなされますが、この選択宣言は、重国籍者本人の自発的意思によるものではないことから、自発的意思によって選択宣言をした者についての外国国籍の離脱義務に関する国籍法16条1項の規定及び日本国籍の喪失宣告に関する同条2項の規定は、法律上選択宣言をしたものとみなされる既存の重国籍者には適用されないものと解されます。

105

昭和59年改正国籍法の施行時に既に重国籍となっていた者が期限内に国籍の選択をしなかった場合に、日本国籍はどのようになりますか。

1　外国国籍を有する日本国民は、所定の期限までに日本国籍か外国国籍のいずれかを選択しなければならず、この期限内に国籍の選択をしないでいると法務大臣から国籍選択の催告を受け、さらに、催告を受けたにもかかわらず国籍の選択をしない場合には、日本国籍を喪失することとされています（法14条、15条）。

　　この国籍選択の制度は、昭和59年の国籍法改正により新設されたものであるため、その直接の対象となるのは、昭和59年改正法の施行後に重国籍となる者ですが、重国籍者は、同法の施行前から存在していたので、同法附則3条において、このような同法施行の際に既に日本国籍と外国国籍を有する重国籍者について、国籍選択に関する経過措置が定められました。

2　この規定によりますと、まず、昭和59年改正法の施行（昭和60年1月1日）の際、現に日本国籍と外国国籍を有する重国籍者についても、選択義務を負うこととしていますが、選択期限の基準となる重国籍となった時については、同法の施行時（昭和60年1月1日）に重国籍になったものとみなすこととしています（昭和59年改正法附則3条前段）。したがって、既存の重国籍者については、昭和60年1月1日に20歳未満の者は22歳までに、また、その日に20歳以上の者はその日から2年以内に、日本国籍か外国国籍のいずれかを選択しなければなりません。

3　次に、期限内に国籍の選択をしなかった場合の取扱いについては、

既存の重国籍者は、従来、国籍の選択義務が課せられていなかった
ことを考慮し、期限内に国籍の選択をしなかったときでも、その期
限が到来した時に日本国籍の選択宣言をしたものとみなすこととさ
れました（昭和59年改正法附則３条後段）。

　したがって、昭和59年改正法施行前からの重国籍者は、期限内に
国籍の選択をしなかった場合でも、法務大臣から選択の催告を受け
ることはなく、日本国籍を喪失することはありません。

106

> 既に日本国籍の選択宣言をしたとみなされた昭和59年改正
> 国籍法の施行前からの重国籍者は、選択宣言の届出をする
> ことができますか。

1　国籍の選択制度は、昭和59年の国籍法改正によって新設されたも
のであるため、その直接の対象となるのは、昭和59年改正法の施行
後に重国籍となる者です。ところが、重国籍者は、昭和59年改正法
の施行前から存在していたので、同法附則3条において、このよう
な同法施行の際に既に日本国籍と外国国籍を有する重国籍者につい
て、国籍選択に関する経過措置が定められました。

2　この規定によると、まず、昭和59年改正法の施行（昭和60年1月
1日）の際、現に日本国籍と外国国籍を有する重国籍者は、選択義
務を負うこととしていますが、選択期限の基準となる重国籍となっ
た時については、同法の施行時（昭和60年1月1日）に重国籍にな
ったものとみなすこととしています（昭和59年改正法附則3条前
段）。したがって、既存の重国籍者については、昭和60年1月1日
に20歳未満の者は22歳までに、また、その日に20歳以上の者はその
日から2年以内に、日本国籍か外国国籍のいずれかを選択しなけれ
ばなりません。

3　次に、期限内に国籍の選択をしなかった場合の取扱いについては、
既存の重国籍者は、従来、国籍の選択義務が課せられていなかった
ことを考慮し、期限内に国籍の選択をしなかったときでも、その期
限が到来した時に日本国籍の選択宣言をしたものとみなすこととさ
れました（昭和59年改正法附則3条後段）。なお、既存の重国籍者
が選択期限を徒過して選択宣言をしたとみなされた場合には、その

者の戸籍にその旨を記載することを要しないとされています。

4　このように、昭和59年改正法施行前に既に重国籍となっていた者については、所定の期限までに国籍の選択をしなかった場合でも、期限到来時に日本国籍の選択宣言をしたものとみなされていることから、その期限の経過により国籍選択の法的効果が確定的に発生していることになります。

　したがって、既に日本国籍の選択宣言をしたものとみなされた場合には、現に重国籍であって、重ねて国籍選択届をしてもその届は法的には無効ですから、これらの者は、国籍選択の届出をすることはできないものと考えられます。

107

重国籍者が日本国籍を選択した場合に、外国国籍はどのようになりますか。

1　外国国籍を有する日本国民は、所定の期限までに日本国籍か外国国籍のいずれかを選択しなければなりません（法14条1項）。重国籍者が日本国籍を選択する場合としては、①外国の法令に基づいてその外国の国籍を離脱する方法と、②日本国籍を選択し、かつ、外国国籍を放棄する旨の宣言（日本国籍の選択宣言）をする方法とがあります（同条2項）。

2　重国籍者が日本国籍を選択した場合に、外国国籍がどうなるかについては、日本国籍を選択する方法によって異なることになります。

　まず、①の外国の法令に基づいてその外国の国籍を離脱する方法によって、当該外国の国籍を離脱すれば、外国国籍は当然に喪失し、日本国籍だけを有することになります。

　次に、②の日本国籍の選択宣言をする方法を採った場合に、この選択宣言によって外国国籍を当然に喪失するか否かについては、当該外国の国籍法の定めによることになります。

　つまり、日本国籍の選択宣言とは、重国籍者が日本国籍を維持し、併有する外国国籍を放棄することを宣言して、以後、外国国籍に伴う権利や特権を行使しない旨を日本に対して宣明することですから、この日本国籍の選択宣言を行うことによって、外国国籍を自動的に失うこととする国にあっては、当該外国国籍を当然に喪失し日本国籍だけを有することになるわけですが、そのような規定を設けていない国にあっては、当該外国国籍を当然には喪失しないことになります。

3　したがって、このように日本国籍の選択宣言をしても、当然に外国国籍を喪失しない場合には、選択宣言をした者は、併有する外国国籍を離脱する手続を行うよう努めなければならないとされています（法16条1項）。

108

国籍の喪失宣告とは、どのような制度ですか。

1　日本国籍と外国国籍を有する重国籍者は、所定の期限までに日本国籍か外国国籍のいずれかを選択しなければなりませんが、その方法の一つとして、日本国籍を選択し、かつ、外国国籍を放棄する旨の宣言（日本国籍の選択宣言）をすることができます（法14条2項）。この選択宣言によって外国国籍を当然に喪失するかどうかは、その外国の国籍法の定めによることになりますが、外国国籍を当然に喪失しない場合には、依然として重国籍が解消されないことになります。したがって、このような場合には、日本国籍の選択宣言をした者が外国国籍に伴う権利や特権を行使する事態も想定されます。

2　本来、日本国籍の選択宣言は、日本国籍を維持するとともに、外国国籍を放棄し、以後、その外国国籍に伴う権利や特権を行使しないことを宣言するものですから、この選択宣言をした者が外国国籍を有することを要件とする権利や特権を行使することは、選択宣言をしたことと矛盾すると考えられます。そこで、国籍法は、このような場合のうち、外国国籍を有することを就任の要件とする外国の公務員の職に自己の志望によって就任し、これが日本国籍を選択した趣旨に著しく反すると認められる場合には、法務大臣がその者に対して日本国籍の喪失宣告をすることができることとしています（法16条2項）。

3　日本国籍を選択した趣旨に反する行為としては、外国の旅券を行使することや、外国において選挙権を行使することなど、種々のものが考えられますが、国籍法が喪失宣告の対象を外国の公務員の職への就任の場合に限定したのは、これにより、その外国との間に継

続的で強固な公法上の身分関係が生じ、外国国籍の選択の意思が確定的になったものと認められるからです。

　なお、自己の志望によって外国の公務員の職に就任した場合の全てが喪失宣告の対象となるわけではなく、「その就任が日本の国籍を選択した趣旨に著しく反する」場合でなければなりません。すなわち、その公務員の職が公権力の行使又は公の意思の形成に関与するものであることが必要であって、単に肉体的、機械的な労務を内容とするものや、臨時的なものは、対象とはならないものと解されます。このような職への就任は、外国国籍を選択したものと同視することができず、また、日本国籍の喪失宣告を相当とするだけの実質がないと評価することができるからです。

109

国籍の喪失宣告の手続は、どのようになっていますか。

1 　国籍の喪失宣告は、日本国籍を喪失させるという重大な効果を生じさせる行政処分であり、行政手続法にいう「名あて人の資格又は地位を直接にはく奪する不利益処分」（行政手続法13条 1 項 1 号ロ）に該当しますので、法務大臣は、日本国籍の喪失宣告をしようとするときは、聴聞の手続を経なければなりません。

2 　聴聞の具体的手続は、行政手続法の規定に従って行われます。なお、聴聞の期日における審理は、行政手続法においては、原則として非公開とされていますが（行政手続法20条 6 項）、国籍法は、これを公開により行うこととしています。（法16条 3 項）。

3 　聴聞は、不利益処分を受ける者に意見を述べ、証拠を提出する機会を与えるという趣旨で行われるものですから、聴聞の通知に際しては、期日及び場所の指定のほかに、その者が国籍の喪失宣告の対象となっている具体的事実を記載することが必要とされます。また、聴聞は、公開により行うこととされていますから、その期日、場所、事案等を官報又は官庁の掲示場に公示することが必要となります。

4 　法務大臣は、所部の職員に聴聞を行わせることができます（行政手続法19条）。所部の職員には、地方支分部局の職員も含まれますから、聴聞は、必ずしも法務本省において行う必要はなく、宣告対象者の居住地の最寄りの法務局又は地方法務局においても行うことができます。

5 　聴聞に係る者は、期日に代理人を出頭させ、又は文書により意見を述べることができます（行政手続法16条、21条 1 項）。この場合の代理人の資格については、何ら規定されていませんから、弁護士

等の有資格者である必要はありません。期日に本人又は代理人が出頭しない場合でも、文書の提出があれば、その者の意見を了知することができますので、出頭は必ずしも必要ではありませんし、正当な理由なく期日に出頭せず、また、文書も提出しない場合には、聴聞権を放棄したものとして、聴聞の手続を終結することが可能と解されます。

6　国籍の喪失宣告は、官報に告示してしなければならず（法16条4項）、宣告を受けた者は、官報告示の日に日本国籍を喪失します（法16条5項）。

　この宣告は、行政処分ですので、これに不服がある者は、行政事件訴訟法による処分の取消しの訴えを提起することができますが（行政事件訴訟法3条2項）、聴聞を経てされた不利益処分であることから、行政不服審査法による異議申立てをすることはできません（行政手続法27条）。

第5節　その他

平和条約の発効前から日本に住んでいる朝鮮人の国籍は、どのようになりますか。

1　朝鮮は、明治43年8月の日韓併合条約により、その全領土を日本が領有するところとなり、これに伴い、朝鮮人は、日本国籍を取得することとなりました。その後、日本は、第二次世界大戦の敗戦により、平和条約を受諾し、朝鮮の独立を承認しました。

2　平和条約は、2条(a)項において、日本が朝鮮の独立を承認し、朝鮮に対する全ての権利、権原、請求権を放棄すると定めていますが、これに伴う国籍の変動については明示的な規定を置いていません。しかし、平和条約2条(a)項の趣旨は、朝鮮を日本の併合前の状態に回復させることにありますので、このような原状回復の思想からすれば、日韓併合当時に朝鮮の国籍を有していた者及び日本が併合しなかったならば朝鮮の国籍を取得したであろう者は、その居住地のいかんを問わず、平和条約の発効によって、全て朝鮮の国籍を回復し、同時に、日本国籍を喪失したものと解するのが合理的であると考えられます。

3　ところで、日韓併合当時における朝鮮には民籍法があり、朝鮮の国籍を有する者は、全て民籍に登載されていましたが、日本による併合後は、民籍法に代わって施行された朝鮮戸籍令に基づき、民籍に登載された者全てが朝鮮戸籍に登載されることとなりました。これに対し、元来の日本人は、内地人として戸籍法の適用を受け、戸籍に記載されていました。すなわち、朝鮮人と内地人とは、入るべ

き戸籍が異なるだけでなく、適用される法律も異なっていました。また、内地人であっても、朝鮮人との婚姻や養子縁組等により朝鮮人の家に入ることとなる場合には、内地の戸籍から除籍されて朝鮮戸籍に登載され、以後は、朝鮮人として朝鮮人に関する法令が適用されました。逆に、朝鮮人であっても、内地人との婚姻や養子縁組等により内地人の家に入ることとなる場合には、朝鮮戸籍から除籍されて内地の戸籍に記載され、以後は、内地人として扱われました。このように、朝鮮人としての法的地位を持つ人と内地人としての法的地位を持つ人とは、完全に区別され、この区別は、日韓併合当時から平和条約の発効に至るまで一貫して維持されていました。こうした事情を考慮すれば、朝鮮の国籍を回復し、日本国籍を喪失することとなる者の範囲は、戸籍を基準として決するのが合理的であると考えられます。

4 　以上の考え方に基づき、実務においては、平和条約の発効当時朝鮮人たる法的地位を有していた者、すなわち、朝鮮戸籍に記載され、又は記載されるべき事由の生じていた者は、平和条約の発効日（昭和27年4月28日）に、日本に居住していた者も含めて、全て当然に日本国籍を喪失したものとして取り扱われています。なお、この取扱いは、最高裁昭和36年4月5日判決（民集15巻4号657頁参照）においても支持されています。

111

平和条約の発効前から日本に住んでいる台湾人の国籍は、どのようになりますか。

1 　台湾は、明治28年4月の日清講和条約（下関条約）により、日本の統治下に入りましたが、これに伴い、台湾人は、日本国籍を取得することとなりました。しかし、同じく日本国籍を有する者であっても、元来の日本人（内地人）と台湾人とは、その法的地位が完全に区別されていました。すなわち、内地人は戸籍法の適用を受けて戸籍に記載され、台湾人は台湾の戸籍法規の適用を受けて台湾戸籍に記載されるものとされ、これにより、それぞれ属すべき民族籍（地域籍）が明示されていました。そして、内地人が外地（台湾など、条約などにより新たに日本の領土となった地域）に本籍を定めること、逆に、外地人が内地に本籍を定めることは、原則として許されませんでした。例外的に、婚姻や養子縁組等の身分行為により、その属すべき家に変動が生じる場合には、これに伴い、民族籍（地域籍）にも変動が生じることとされていました。

2 　日本は、第二次世界大戦の敗戦により、平和条約を受諾し、台湾に対する全ての権利、権原、請求権を放棄しました（2条(b)）。これにより、台湾は、日本の領土から分離されることとなりましたが、平和条約には、領土の変更に伴う台湾人の国籍の変動についての明文の規定がありません。しかし、平和条約2条(b)の趣旨は、原状回復の思想に基づくもの、すなわち、台湾を日清戦争による日本の領有前の状態に回復させることにありますので、日清戦争の結果、日本国籍を取得した台湾人及びその子孫は、その居住地のいかんを問わず、平和条約の発効によって、全て日本国籍を喪失したものと解

するのが合理的であると考えられます。

3　このような考え方に基づき、実務においては、台湾人は、平和条約の発効日（昭和27年４月28日）に、日本に居住していた者も含めて、全て当然に日本国籍を喪失したものとして取り扱われています。そして、この場合の台湾人とは、平和条約の発効当時、台湾人としての法的地位を有していた者、すなわち、台湾戸籍に記載され、又は記載されるべき事由の生じていた者であると解されています。このような取扱いは、最高裁昭和37年12月５日判決（刑集16巻12号1661頁参照）においても支持されていますが、この判決は、日本国籍の喪失時期については、日華条約（「日本国と中華民国との間の平和条約」）の発効した昭和27年８月５日であるとしています。しかし、平和条約により台湾に対する領土主権を放棄した以上、対人主権も放棄したものとみるべきである（この判例の立場によると、平和条約の発効後も、日華条約が発効するまでは、台湾人は、依然として日本国籍を有することになり、台湾人に対する主権が日本に残存していることになるという問題がある。）との理由から、実務における取扱いは変更されていません。

112

領土の変更によって、その地域に居住する住民の国籍は、当然に変動しますか。

1 国家間の合意に基づく領土の変更には、領土の割譲と併合があります。領土の割譲とは領土の一部を他の国に譲渡することであり、領土の併合とは他の国の領土の全部を取得することです。このような領土の変更は、戦争の結果として行われる場合が多く、戦勝国が敗戦国の領土を奪う結果、復讐戦争を誘発し、戦争の悪循環を招くことから、第一次世界大戦後は国際連盟による委任統治制度が、また、第二次世界大戦後は国際連合による信託統治制度が設けられました。

2 領土の変更が行われると、それに伴い、その地域に居住する住民の国籍がどのように変動するかが問題となります。

領土の割譲の場合には、17世紀頃から住民の意思を尊重して、条約上国籍の選択権を認める例が多いようであり、また、領土の併合の場合には、領土の全部譲渡であることから、被併合国の国民は、当然併合国の国民になるとするのが通例のようですが、いまだ国際法上確立された一般原則といえるものは存在していません。

なお、委任統治や信託統治は、いずれも、領土の割譲又は併合とは本質的に異なっており、原則として、国籍には影響を及ぼさないものと考えられています。

3 日本における領土の変更とそれに伴う国籍の変動の例は、次のとおりです。

〔日本における領土の変更と国籍の変動〕

領土の変更	国籍の変動
(1) 明治 8 年、ロシアとの樺太・千島交換条約により、樺太はロシアの領土に、千島列島は日本の領土となる。(安政元年、ロシアとの下田条約により、千島列島は、エトロフ島以南は日本の領土、ウルップ島以北はロシアの領土、樺太には日露両国民が居住し得ると決められていた。)	交換地内の住民の退去を要求せず、残留者の国籍の変更も要求しなかった。 　樺太在住の原住民は、条約後に締結された協定により、日本の領土内に退去しなければ、ロシア国籍となったので、大部分の原住民は、ロシア国籍になった。
(2) 明治28年 4 月、日清戦争の結果締結された日清講和条約により、台湾、澎湖島、遼東半島を譲り受ける（その後、遼東半島を返還した。)。	条約批准書交換の日より 2 年以内にその地域から退去しない者は、日本国民とみなされた。
(3) 明治38年 9 月、日露戦争の結果締結された日露講和条約により、南樺太を譲り受け、旅順、大連とその付近（遼東半島の一部）の租借権等の譲渡を受ける（その後、清国は、この譲渡を承諾した。)。	譲受地域内の住民の一定期間内の退去を要求せず、残留者の国籍変更も強制しなかった。なお、樺太原住民は、日本国籍を持つことになったものとして取り扱われた。 　租借地の住民（清国人）は、日本国籍を与えられなかった。
(4) 明治43年 8 月、日韓併合条約により、韓国の全領土が日本の領土となる（韓国は、従前、朝鮮と称しており、明治30年に国号を韓国と改めたが、併合の際、再び朝鮮と称することになった。)。	併合当時の韓国国民は、日本国民となった。
(5) 大正 8 年 1 月、第一次世界大戦の結果締結されたパリ講和条約により、太平洋上のドイツ領の諸島のうち、赤道以北の諸島は、日本の委任統治領となる。	島民は、日本国籍を与えられなかった。
(6) 昭和26年 9 月、第二次世界大戦の結果締結されたサンフランシスコ平和条約により、 　①朝鮮の独立を承認する。	朝鮮の国籍を取得すべき者（日本国籍を喪失すべき者）の範囲については、明文の規定はなかったが、平和条約の合理的解釈により、日韓併合当時に朝鮮の国籍を有していた者、日韓併合がなかった

②台湾、澎湖諸島に対する権利等を放棄する。

③千島列島（日本固有の領土である北方四島は含まれない。）、南樺太に対する権利等を放棄する。

④北緯29度以南の南西諸島（琉球、大東諸島を含む。）、小笠原諸島、沖の鳥島、南鳥島をアメリカの信託統治領とする。

⑤日本が委任統治していた南洋群島に対する権利等を放棄する。

ならば、朝鮮の国籍を保有したであろう者が、朝鮮の国籍を取得して日本国籍を喪失することとなった。

朝鮮人の場合と同様に、平和条約の合理的解釈により、日清戦争の結果、日本国籍を取得した台湾人及びその子孫は、日本国籍を喪失することとなった。

千島列島、南樺太に居住する日本国民の国籍は、変更しないものとして取り扱われた。

信託統治下に置かれた諸島の日本国民の国籍は、変更しなかった。

委任統治下の島民は、日本国籍を与えられなかったので、国籍に変動はなかった。

サンフランシスコ平和条約

　第二次世界大戦を終了させるためサンフランシスコにおいて連合国側と敗戦国である日本との間で締結された平和条約のことで、正式には「日本国との平和条約」といいます。1951年9月8日、アメリカをはじめ48の連合国と日本との間で調印され、1952年4月28日に発効しました。

　第二次世界大戦終結前、台湾、南樺太、朝鮮の住民は、各地域が日本の統治下に置かれた際の条約（台湾は1875年の日清講和条約、南樺太は1885年の日露講和条約、朝鮮は1910年の日韓併合条約）によって日本国籍を取得し、日本国民となりました。しかし、サンフランシスコ平和条約の発効により、日本が各地域の領土権を放棄することとなったため、それぞれの住民について「いかなる者がどの時点で日本国籍を喪失するのか」という国籍変動の問

題が浮上することとなりました。ところが、これについて平和条約には何ら規定が設けられなかったため、国籍及び戸籍の実務においては、平和条約を合理的に解釈し、台湾人、朝鮮人の場合には、平和条約の発効時に各地域の戸籍に記載されている者又は記載されるべき事由（婚姻、縁組等）の生じている者は平和条約の発効とともに日本国籍を喪失することとし、南樺太の住民の場合には、ソ連が平和条約に調印しなかったため、平和条約によっては日本国籍を喪失しないとしましたが、同地域が領土外となったことから、平和条約発効前に転籍しなかった者は、同条約の発効により本籍を有しないこととなったので、日本の領土内に就籍により戸籍を設けることとなりました。

113

戦後の混乱期に中国大陸に残された、いわゆる中国残留邦人の日本国籍は、どのようになりますか。

1　日本は、昭和47年9月29日の中華人民共和国との共同声明により、同国を承認し、同国との国交の正常化を実現しました。その結果、中国本土に在住する多くの日本国民が、里帰り、永住帰国等の目的により、日本に帰国入国しています。これらの人々の中には、終戦後、中国本土から日本への引揚げに際し、何らかの事情により帰国することができなかった、いわゆる中国残留邦人がいます。

2　これらの者が日本への帰国に際して、中華人民共和国政府発給の旅券（護照）を所持している場合には、何らかの理由により中国国籍を取得していることが一応推測され、中国国籍の取得原因いかんによっては、日本国籍を喪失していることも考えられます（法11条1項、旧国籍法18条）。

3　したがって、中国残留邦人の日本国籍の有無については、中国国籍の取得の有無、経緯等を具体的に調査することによって、個別に判断する必要があります。

114

外務公務員である日本人と婚姻した外国人配偶者は、必ず日本国籍を取得しなければならないのですか。

1　外務公務員法2条に規定する外務公務員は、従来、国籍を有しない者又は外国国籍を有する者と婚姻をした場合において、その婚姻の日から4年を経過するまでに、その配偶者が、国籍を有しない者にあっては日本国籍を取得していないとき、外国国籍を有する者にあってはその外国国籍を離脱して日本国籍を取得していないときは、その期間満了の日に当然失職するものとされていました。また、これらの外務公務員が外国国籍を有する日本国民と婚姻をした場合において、その婚姻の日から1年を経過するまでに、その配偶者が外国国籍を離脱していないときも、同様に、その期間満了の日に当然失職するものとされていました（改正前外務公務員法7条、同法施行令1条）。

2　その後、平成8年5月9日に外務公務員法の一部が改正され、上記のような国籍を有しない者又は外国国籍を有する者と婚姻した外務公務員の失職規定が削除されました（平成8年10月1日施行）。

　　したがって、現在では、外務公務員である日本人と婚姻した外国人配偶者は、日本人配偶者の失職を防ぐために帰化等により日本国籍を取得する必要はありません。

115

日本人と婚姻した外国人は、日本の戸籍に記載されるのですか。

1 日本の戸籍制度上、日本国民については、国内に居住するかどうかにかかわらず、全て戸籍に記載されます。新たに日本国民として生まれた者、帰化又は法務大臣への届出により日本国籍を取得した者については、その届出が義務付けられており（戸籍法49条、102条、102条の2）、これに基づいて戸籍に記載されることになります。

2 他方、日本国民でない者については、戸籍に記載されません。日本国内で生まれた者については、外国人であっても、出生の届出の義務が課されていますが、外国人は、その届出により戸籍に記載されることはありません。

3 また、国籍法上、婚姻、認知、養子縁組等の身分行為によって、その者の国籍に変動が生ずることはありませんので、外国人が日本人と婚姻したとしても、その外国人は、日本国籍を取得することはなく、したがって、戸籍には記載されません。もっとも、外国人と婚姻した日本人の戸籍の身分事項欄には、外国人との婚姻事項が記載されます。

116

児童の権利条約は、児童が出生の時から国籍を取得する権利を有することを確認していますが、これは、この条約の締約国に、その国にいる全ての児童に対してその国の国籍を付与すべき義務を課したものですか。

1　児童の権利に関する条約（児童の権利条約）7条は、児童は、その出生の時から国籍を取得する権利を有すると規定しています。これは、無国籍児については、権利として居住することができる国がなく、また、居住している国において不当な取扱いを受けたとしても、これに対して外交保護権を行使する国がないなどの不利益があることから、児童が国籍を取得する権利を有するとの原則を確認したものです。

2　したがって、児童の権利条約7条は、条約の締約国に対して、自国内にいる全ての児童に自国の国籍を付与し、児童が無国籍とならないようにする義務までをも課したものではありません。いかなる者に対して自国の国籍を付与するかは、各国が、その国の歴史、伝統、その置かれた政治・経済情勢等を考慮して、自ら決定することができるというのが、国籍立法に関する国際法上の原則ですから、児童が国籍を取得する権利は保障されなければなりませんが、それとともに、この国際法上の原則も尊重されなければなりません。

3　国籍法は、出生による国籍の取得に関し、原則として、出生の時に父又は母が日本国民であるときは子は日本国籍を取得するという父母両系血統主義を採用しながら（法2条1号）、子が日本で生まれた場合において父母がともに知れないとき、又は国籍を有しないときも子は日本国籍を取得するとして（法2条3号）、補充的に生

地主義を採用し、無国籍児の発生を防止するための配慮をしています。

　さらに、これによっても、極めて限られた範囲ですが、なお無国籍児が生じる場合があり得ることから、無国籍児については、帰化条件が緩和された簡易帰化によって日本国籍を取得することができるようにしています（法8条4号）。

117

> 市民的及び政治的権利に関する国際規約（国際人権Ｂ規約）は、「全ての児童は、国籍を取得する権利を有する。」と規定していますが、日本で生まれた子が無国籍となることを防止するため、国籍法は、どのような配慮をしていますか。

1　市民的及び政治的権利に関する国際規約（国際人権Ｂ規約）24条3項は、「全ての児童は、国籍を取得する権利を有する。」と規定しています。これは、無国籍児については、権利として居住することができる国がなく、また、居住している国において不当な取扱いを受けたとしても、これに対して外交保護権を行使する国がないなどの不利益があることから、児童が国籍を取得する権利を有するとの原則を確認したものです。

2　したがって、この条項は、条約の締約国に対して、自国内にいる全ての児童に自国の国籍を付与すべき義務までをも課したものではありません。しかしながら、多くの国においては、無国籍児が発生しないようにするため、それぞれの国籍関係法令において、種々の配慮をしています。

3　国籍法は、出生による国籍の取得に関し、原則として、出生の時に父又は母が日本国民であるときは、その子は日本国籍を取得するとして、父母両系血統主義を採用していますが（法2条1号）、子が日本で生まれた場合において、父母がともに知れないとき、又は国籍を有しないときも、その子は日本国籍を取得するとして（法2条3号）、補充的に生地主義を採用し、無国籍児の発生を防止するための配慮をしています。

　さらに、これによっても、極めて限られた範囲ですが、なお無国籍児が生ずる場合があり得ることから、国籍法は、日本で生まれ、かつ、出生の時から国籍を有しない者で、出生の時から引き続き3年以上日本に住所を有するものについては、帰化条件を大幅に緩和した簡易帰化によって、日本国籍を取得することができることとしています（法8条4号）。

外地籍と内地籍

　日本は、1875年の日清講和条約により台湾を、また、1910年の日韓併合条約により韓国を、それぞれ日本の領土として統治し、第二次世界大戦終了後、連合国との間で締結されたサンフランシスコ平和条約の発効まで、台湾及び韓国の人を日本国民として登録してきました。

　このように、台湾、韓国等、明治以後日本が拡大した領土を「外地」と呼び、これに対し、本州、四国、九州、北海道（千島を含む。）、琉球及び小笠原など従前からの本来の領土を「内地」と呼び、これに対応して、外地に本籍を有する人を「外地人（外地籍日本人）」、内地に本籍を有する人を「内地人（内地籍日本人）」と呼んでいました。

　外地人と内地人とは、認知、婚姻、養子縁組、離婚、離縁等一定の身分行為による以外は、相互に他の籍へ転籍することが許されませんでした。

　また、韓国の外地人には韓国の法律が、台湾の外地人には台湾の法律が、内地人には日本の法律が、それぞれ適用されるなど、適用される法律が異なっていました。

　サンフランシスコ平和条約の発効による日本国籍の喪失は、対象者が、この外地籍にあるか内地籍にあるかを基準にして決められました。

資　料

国　籍　法

（昭和25年 5 月 4 日法律第147号）

改正　昭和27年 7 月31日法律第268号
　　　同　　59年 5 月25日同　　第 45号
　　　平成 5 年11月12日同　　第 89号
　　　同　　16年12月 1 日同　　第147号
　　　同　　20年12月12日同　　第 88号
　　　同　　26年 6 月13日同　　第 70号
　　　同　　30年 6 月20日同　　第 59号

第 1 条（この法律の目的）　日本国民たる要件は、この法律の定めるところによる。

第 2 条（出生による国籍の取得）　子は、次の場合には、日本国民とする。

1　出生の時に父又は母が日本国民であるとき。

2　出生前に死亡した父が死亡の時に日本国民であつたとき。

3　日本で生まれた場合において、父母がともに知れないとき、又は国籍を有しないとき。

第 3 条（認知された子の国籍の取得）　父又は母が認知した子で18歳未満のもの（日本国民であつた者を除く。）は、認知をした父又は母が子の出生の時に日本国民であつた場合において、その父又は母が現に日本国民であるとき、又はその死亡の時に日本国民であつたときは、法務大臣に届け出ることによつて、日本の国籍を取得することができる。

②　前項の規定による届出をした者は、その届出の時に日本の国籍を取得する。

第 4 条（帰化）　日本国民でない者（以下「外国人」という。）は、帰化によつて、日本の国籍を取得することができる。

②　帰化をするには、法務大臣の許可を得なければならない。

第 5 条　法務大臣は、次の条件を備える外国人でなければ、その帰化を許可することができない。

1　引き続き5年以上日本に住所を有すること。

2　18歳以上で本国法によつて行為能力を有すること。

3　素行が善良であること。

4　自己又は生計を一にする配偶者その他の親族の資産又は技能によつて生計を営むことができること。

5　国籍を有せず、又は日本の国籍の取得によつてその国籍を失うべきこと。

6　日本国憲法施行の日以後において、日本国憲法又はその下に成立した政府を暴力で破壊することを企て、若しくは主張し、又はこれを企て、若しくは主張する政党その他の団体を結成し、若しくはこれに加入したことがないこと。

②　法務大臣は、外国人がその意思にかかわらずその国籍を失うことができない場合において、日本国民との親族関係又は境遇につき特別の事情があると認めるときは、その者が前項第5号に掲げる条件を備えないときでも、帰化を許可することができる。

第6条　次の各号の1に該当する外国人で現に日本に住所を有するものについては、法務大臣は、その者が前条第1項第1号に掲げる条件を備えないときでも、帰化を許可することができる。

1　日本国民であつた者の子（養子を除く。）で引き続き3年以上日本に住所又は居所を有するもの

2　日本で生まれた者で引き続き3年以上日本に住所若しくは居所を有し、又はその父若しくは母（養父母を除く。）が日本で生まれたもの

3　引き続き10年以上日本に居所を有する者

第7条　日本国民の配偶者たる外国人で引き続き3年以上日本に住所又は居所を有し、かつ、現に日本に住所を有するものについては、法務大臣は、その者が第5条第1項第1号及び第2号の条件を備えないときでも、帰化を許可することができる。日本国民の配偶者たる外国人で婚姻の日から3年を経過し、かつ、引き続き1年以上日本に住所を有するものについても、同様とする。

第8条　次の各号の1に該当する外国人については、法務大臣は、その者が第5条第1項第1号、第2号及び第4号の条件を備えないときでも、帰化

を許可することができる。

1　日本国民の子（養子を除く。）で日本に住所を有するもの

2　日本国民の養子で引き続き1年以上日本に住所を有し、かつ、縁組の時本国法により未成年であつたもの

3　日本の国籍を失つた者（日本に帰化した後日本の国籍を失つた者を除く。）で日本に住所を有するもの

4　日本で生まれ、かつ、出生の時から国籍を有しない者でその時から引き続き3年以上日本に住所を有するもの

第9条　日本に特別の功労のある外国人については、法務大臣は、第5条第1項の規定にかかわらず、国会の承認を得て、その帰化を許可することができる。

第10条　法務大臣は、帰化を許可したときは、官報にその旨を告示しなければならない。

②　帰化は、前項の告示の日から効力を生ずる。

第11条（国籍の喪失）　日本国民は、自己の志望によつて外国の国籍を取得したときは、日本の国籍を失う。

②　外国の国籍を有する日本国民は、その外国の法令によりその国の国籍を選択したときは、日本の国籍を失う。

第12条　出生により外国の国籍を取得した日本国民で国外で生まれたものは、戸籍法（昭和22年法律第224号）の定めるところにより日本の国籍を留保する意思を表示しなければ、その出生の時にさかのぼつて日本の国籍を失う。

第13条　外国の国籍を有する日本国民は、法務大臣に届け出ることによつて、日本の国籍を離脱することができる。

②　前項の規定による届出をした者は、その届出の時に日本の国籍を失う。

第14条（国籍の選択）　外国の国籍を有する日本国民は、外国及び日本の国籍を有することとなつた時が18歳に達する以前であるときは20歳に達するまでに、その時が18歳に達した後であるときはその時から2年以内に、いずれかの国籍を選択しなければならない。

②　日本の国籍の選択は、外国の国籍を離脱することによるほかは、戸籍法の定めるところにより、日本の国籍を選択し、かつ、外国の国籍を放棄す

る旨の宣言（以下「選択の宣言」という。）をすることによつてする。

第15条　法務大臣は、外国の国籍を有する日本国民で前条第1項に定める期限内に日本の国籍の選択をしないものに対して、書面により、国籍の選択をすべきことを催告することができる。

②　前項に規定する催告は、これを受けるべき者の所在を知ることができないときその他書面によつてすることができないやむを得ない事情があるときは、催告すべき事項を官報に掲載してすることができる。この場合における催告は、官報に掲載された日の翌日に到達したものとみなす。

③　前2項の規定による催告を受けた者は、催告を受けた日から1月以内に日本の国籍の選択をしなければ、その期間が経過した時に日本の国籍を失う。ただし、その者が天災その他その責めに帰することができない事由によつてその期間内に日本の国籍の選択をすることができない場合において、その選択をすることができるに至つた時から2週間以内にこれをしたときは、この限りでない。

第16条　選択の宣言をした日本国民は、外国の国籍の離脱に努めなければならない。

②　法務大臣は、選択の宣言をした日本国民で外国の国籍を失つていないものが自己の志望によりその外国の公務員の職（その国の国籍を有しない者であつても就任することができる職を除く。）に就任した場合において、その就任が日本の国籍を選択した趣旨に著しく反すると認めるときは、その者に対し日本の国籍の喪失の宣告をすることができる。

③　前項の宣告に係る聴聞の期日における審理は、公開により行わなければならない。

④　第2項の宣告は、官報に告示してしなければならない。

⑤　第2項の宣告を受けた者は、前項の告示の日に日本の国籍を失う。

第17条（国籍の再取得）　第12条の規定により日本の国籍を失つた者で18歳未満のものは、日本に住所を有するときは、法務大臣に届け出ることによつて、日本の国籍を取得することができる。

②　第15条第2項の規定による催告を受けて同条第3項の規定により日本の国籍を失つた者は、第5条第1項第5号に掲げる条件を備えるときは、日本の国籍を失つたことを知つた時から1年以内に法務大臣に届け出ること

によつて、日本の国籍を取得することができる。ただし、天災その他その者の責めに帰することができない事由によつてその期間内に届け出ることができないときは、その期間は、これをすることができるに至つた時から１月とする。

③　前２項の規定による届出をした者は、その届出の時に日本の国籍を取得する。

第18条（法定代理人がする届出等）　第３条第１項若しくは前条第１項の規定による国籍取得の届出、帰化の許可の申請、選択の宣言又は国籍離脱の届出は、国籍の取得、選択又は離脱をしようとする者が15歳未満であるときは、法定代理人が代わつてする。

第18条の２（行政手続法の適用除外）　第15条第１項の規定による催告については、行政手続法（平成５年法律第88号）第36条の３の規定は、適用しない。

第19条（省令への委任）　この法律に定めるもののほか、国籍の取得及び離脱に関する手続その他この法律の施行に関し必要な事項は、法務省令で定める。

第20条（罰則）　第３条第１項の規定による届出をする場合において、虚偽の届出をした者は、１年以下の懲役又は20万円以下の罰金に処する。

②　前項の罪は、刑法（明治40年法律第45号）第２条の例に従う。

　　　附　則

①　この法律は、昭和25年７月１日から施行する。

②　国籍法（明治32年法律第66号）は、廃止する。

③　この法律の施行前従前の国籍法の規定によつてした帰化の許可の申請又は国籍回復の許可の申請は、この法律の規定によつてした帰化の許可の申請とみなす。

④　この法律の施行前従前の国籍法の規定によつてした国籍離脱の許可の申請は、この法律の規定によつてした国籍離脱の届出とみなす。

⑤　この法律の施行前日本に帰化した者の子で従前の国籍法第15条第１項の規定によつて日本の国籍を取得したものは、第６条第４号の規定の適用については、日本に帰化した者とみなす。この法律の施行前日本国民の養子又は入夫となつた者も、また、同様である。

附　則　（昭和27年7月31日法律第268号）抄

①　この法律は、昭和27年8月1日から施行する。

　　　附　則　（昭和59年5月25日法律第45号）抄

第1条（施行期日）　この法律は、昭和60年1月1日から施行する。

第2条（帰化及び国籍離脱に関する経過措置）　この法律の施行前に帰化の許可の申請又は国籍離脱の届出をした者の帰化又は国籍の離脱については、なお従前の例による。

第3条（国籍の選択に関する経過措置）　この法律の施行の際現に外国の国籍を有する日本国民は、第1条の規定による改正後の国籍法（以下「新国籍法」という。）第14条第1項の規定の適用については、この法律の施行の時に外国及び日本の国籍を有することとなつたものとみなす。この場合において、その者は、同項に定める期限内に国籍の選択をしないときは、その期限が到来した時に同条第2項に規定する選択の宣言をしたものとみなす。

第4条（国籍の再取得に関する経過措置）　新国籍法第17条第1項の規定は、第1条の規定による改正前の国籍法第9条の規定により日本の国籍を失つた者で20歳未満のものについても適用する。

第5条（国籍の取得の特例）　昭和40年1月1日からこの法律の施行の日（以下「施行日」という。）の前日までに生まれた者（日本国民であつた者を除く。）でその出生の時に母が日本国民であつたものは、母が現に日本国民であるとき、又はその死亡の時に日本国民であつたときは、施行日から3年以内に、法務省令で定めるところにより法務大臣に届け出ることによつて、日本の国籍を取得することができる。

②　前項に規定する届出は、国籍を取得しようとする者が15歳未満であるときは、法定代理人が代わつてする。

③　第1項に規定する届出をしようとする者が天災その他その責めに帰することができない事由によつて同項に定める期間内に届け出ることができないときは、その届出の期間は、これをすることができるに至つた時から3月とする。

④　第1項の規定による届出をした者は、その届出の時に日本の国籍を取得する。

第6条　父又は母が前条第1項の規定により日本の国籍を取得したときは、子（日本国民であつた者を除く。）は、同項に定める期間内に、法務省令で定めるところにより法務大臣に届け出ることによつて、日本の国籍を取得することができる。ただし、その父又は母が養親であるとき、又は出生の後に認知した者であるときは、この限りでない。

②　前条第2項から第4項までの規定は、前項の場合について準用する。

　　　　附　則　（平成5年11月12日法律第89号）抄

第1条（施行期日）　この法律は、行政手続法（平成5年法律第88号）の施行の日から施行する。

　　　　附　則　（平成16年12月1日法律第147号）抄

第1条（施行期日）　この法律は、公布の日から起算して6月を超えない範囲内において政令で定める日から施行する。

　　　　附　則　（平成20年12月12日法律第88号）抄

第1条（施行期日）　この法律は、公布の日から起算して20日を経過した日から施行する。ただし、次の各号に掲げる規定は、当該各号に定める日から施行する。

1　附則第3条第2項の規定　公布の日

2　（略）

第2条（従前の届出をした者の国籍の取得に関する経過措置）　従前の届出（この法律の施行の日（以下「施行日」という。）前にこの法律による改正前の国籍法第3条第1項の規定によるものとしてされた同項に規定する父母の婚姻及びその認知により嫡出子たる身分を取得した子に該当しない父又は母が認知した子による日本の国籍の取得に係る届出の行為をいう。以下同じ。）をした者で、当該従前の届出の時においてこの法律による改正後の国籍法（附則第4条第1項において「新法」という。）第3条第1項の規定の適用があるとするならば同項に規定する要件（法務大臣に届け出ることを除く。附則第4条第1項において同じ。）に該当するものであったもの（日本国民であった者を除く。）は、施行日から3年以内に限り、法務大臣に届け出ることによって、日本の国籍を取得することができる。

②　前項の規定による届出は、国籍を取得しようとする者が15歳未満であるときは、法定代理人が代わってする。

③　第1項の規定による届出をした者は、その届出の時に日本の国籍を取得する。ただし、平成15年1月1日以後に従前の届出をしているときは、当該従前の届出の時にさかのぼって日本の国籍を取得する。

第3条（平成20年6月5日以後に従前の届出をした場合の特例）　平成20年6月5日以後に従前の届出をした者については、法務大臣に対して反対の意思を表示した場合を除き、施行日に前条第1項の規定による届出をしたものとみなして、同項及び同条第3項ただし書の規定を適用する。

②　前項に規定する反対の意思の表示は、施行日前にしなければならない。

第4条（従前の届出をした者以外の認知された子の国籍の取得に関する経過措置）　附則第2条第1項の規定によるもののほか、父又は母が認知した子で、平成15年1月1日から施行日の前日までの間において新法第3条第1項の規定の適用があるとするならば同項に規定する要件に該当するものであったもの（日本国民であった者及び同項の規定による届出をすることができる者を除く。）は、その父又は母が現に日本国民であるとき、又はその死亡の時に日本国民であったときは、施行日から3年以内に限り、法務大臣に届け出ることによって、日本の国籍を取得することができる。

②　前項の規定による届出をした者は、その届出の時に日本の国籍を取得する。

第5条（国籍を取得した者の子の国籍の取得に関する特例）　父又は母が附則第2条第1項の規定により日本の国籍を取得したとき（同条第3項ただし書の規定の適用がある場合を除く。）は、その父又は母がした従前の届出の時以後当該父又は母の日本の国籍の取得の時前に出生した子（日本国民であった者を除く。）は、施行日から3年以内に限り、法務大臣に届け出ることによって、日本の国籍を取得することができる。ただし、その父又は母が養親であるとき、又は出生の後に認知した者であるときは、この限りでない。

②　前項の規定による届出をした者は、その届出の時に日本の国籍を取得する。

③　附則第2条第2項の規定は、第1項の規定による届出について準用する。

第6条（届出の期間の特例）　附則第2条第1項、第4条第1項又は前条第1項の規定による届出をしようとする者が天災その他その責めに帰するこ

とができない事由によってこれらの規定に規定する期間内に届け出ること
ができないときは、その届出の期間は、これをすることができるに至った
時から３月とする。

第７条（国籍の選択に関する特例）　外国の国籍を有する者が附則第２条第
１項の規定により日本の国籍を取得した場合（同条第３項ただし書の規定
の適用がある場合に限る。）における国籍法第14条第１項の規定の適用に
ついては、附則第２条第１項の規定による届出の時（附則第３条第１項の
規定により当該届出をしたものとみなされる場合にあっては、施行日）に
外国及び日本の国籍を有することとなったものとみなす。

第８条（国籍取得の届出に関する特例）　戸籍法（昭和22年法律第224号）第
102条の規定は、附則第２条第１項、第４条第１項又は第５条第１項の規
定により日本の国籍を取得した場合の国籍取得の届出について準用する。
この場合において、同法第102条第１項中「その取得の日」とあるのは、
「その取得の日（国籍法の一部を改正する法律（平成20年法律第88号）附
則第２条第３項ただし書の規定の適用がある場合にあつては、同条第１項
の規定による届出の日（同法附則第３条第１項の規定により当該届出をし
たものとみなされる場合にあつては、同法の施行の日））」と読み替えるも
のとする。

第９条（国籍を取得した者の子に係る国籍の留保に関する特例）　父又は母
が附則第２条第１項及び第３項ただし書の規定の適用により従前の届出の
時にさかのぼって日本の国籍を取得したことによって当該父又は母の日本
の国籍の取得の時以後同条第１項の規定による届出の時前に出生した子が
国籍法第２条及び第12条の規定の適用を受けることとなる場合における戸
籍法第104条の規定の適用については、同条第１項中「出生の日」とある
のは、「父又は母がした国籍法の一部を改正する法律（平成20年法律第88
号）附則第２条第１項の規定による届出の日（同法附則第３条第１項の規
定により当該届出をしたものとみなされる場合にあつては、同法の施行の
日）」とする。

第10条（省令への委任）　附則第２条第１項、第４条第１項及び第５条第１
項の規定による届出の手続その他この法律の施行に関し必要な事項は、法
務省令で定める。

第11条（罰則） 附則第２条第１項、第４条第１項又は第５条第１項の規定による届出をする場合において、虚偽の届出をした者は、１年以下の懲役又は20万円以下の罰金に処する。

② 前項の罪は、刑法（明治40年法律第45号）第２条の例に従う。

附　則　（平成26年６月13日法律第70号）抄

第１条（施行期日） この法律は、平成27年４月１日から施行する。

附　則　（平成30年６月20日法律第59号）抄

第１条（施行期日） この法律は、平成34年４月１日から施行する。（ただし書略）

第13条（国籍法の一部改正に伴う経過措置） この法律の施行の際に前条の規定による改正前の国籍法第３条第１項に規定する要件（法務大臣に届け出ることを除く。）に該当する者であって16歳以上のものは、前条の規定による改正後の国籍法（以下この条において「新国籍法」という。）第３条第１項の規定にかかわらず、施行日から２年以内に限り、なお従前の例により日本の国籍を取得することができる。

② 新国籍法第14条第１項の規定は、施行日以後に外国の国籍を有する日本国民となった者又はこの法律の施行の際に20歳未満の者について適用し、この法律の施行の際に外国の国籍を有する日本国民で20歳以上のものの国籍の選択については、なお従前の例による。

③ この法律の施行の際に外国の国籍を有する日本国民で18歳以上20歳未満のものは、新国籍法第14条第１項の規定の適用については、この法律の施行の時に外国及び日本の国籍を有することとなったものとみなす。

④ この法律の施行の際に国籍法第12条の規定により日本の国籍を失っていた者で16歳以上のものは、新国籍法第17条第１項の規定にかかわらず、施行日から２年以内に限り、なお従前の例により日本の国籍を取得することができる。

（参考）　昭和59年５月25日法律第54号による改正前の国籍法

第１条（この法律の目的）　日本国民たる要件は、この法律の定めるところによる。

第２条（出生による国籍の取得）　子は左の場合には、日本国民とする。

1　出生の時に父が日本国民であるとき。

2　出生前に死亡した父が死亡の時に日本国民であつたとき。

3　父が知れない場合又は国籍を有しない場合において、母が日本国民であるとき。

4　日本で生れた場合において、父母がともに知れないとき、又は国籍を有しないとき。

第３条（帰化）　日本国民でない者（以下「外国人」という。）は、帰化によつて、日本の国籍を取得することができる。

②　帰化をするには、法務大臣の許可を得なければならない。

第４条　法務大臣は、左の条件を備える外国人でなければ、その帰化を許可することができない。

1　引き続き５年以上日本に住所を有すること。

2　20歳以上で本国法によつて能力を有すること。

3　素行が善良であること。

4　独立の生計を営むに足りる資産又は技能があること。

5　国籍を有せず、又は日本の国籍の取得によつてその国籍を失うべきこと。

6　日本国憲法施行の日以後において、日本国憲法又はその下に成立した政府を暴力で破壊することを企て、若しくは主張し、又はこれを企て、若しくは主張する政党その他の団体を結成し、若しくはこれに加入したことがないこと。

第５条　左の各号の１に該当する外国人で現に日本に住所を有するものについては、法務大臣は、その者が前条第１号に掲げる条件を備えないときでも、帰化を許可することができる。

1　日本国民の夫で引き続き３年以上日本に住所又は居所を有するもの

2　日本国民であつた者の子（養子を除く。）で引き続き3年以上日本に住所又は居所を有するもの

3　日本で生れた者で引き続き3年以上日本に住所若しくは居所を有し、又はその父若しくは母（養父母を除く。）が日本で生れたもの

4　引き続き10年以上日本に居所を有する者

第6条　左の各号の1に該当する外国人については、法務大臣は、その者が第4条第1号、第2号及び第4号の条件を備えないときでも、帰化を許可することができる。

1　日本国民の妻

2　日本国民の子（養子を除く。）で日本に住所を有するもの

3　日本国民の養子で引き続き1年以上日本に住所を有し、且つ、縁組の時本国法により未成年であつたもの

4　日本の国籍を失つた者（日本に帰化した後日本の国籍を失つた者を除く。）で日本に住所を有するもの

第7条　日本に特別の功労のある外国人については、法務大臣は、第4条の規定にかかわらず、国会の承認を得て、その帰化を許可することができる。

第8条（国籍の喪失）　日本国民は、自己の志望によつて外国の国籍を取得したときは、日本の国籍を失う。

第9条　外国で生れたことによつてその国の国籍を取得した日本国民は、戸籍法（昭和22年法律第224号）の定めるところにより日本の国籍を留保する意思を表示しなければ、その出生の時にさかのぼつて日本の国籍を失う。

第10条　外国の国籍を有する日本国民は、日本の国籍を離脱することができる。

②　国籍を離脱するには、法務大臣に届け出なければならない。

③　国籍を離脱した者は、日本の国籍を失う。

第11条（帰化及び国籍離脱の手続）　帰化の許可の申請又は国籍離脱の届出は、帰化又は国籍の離脱をしようとする者が15歳未満であるときは、法定代理人が代つてする。

第12条　法務大臣は、帰化を許可したとき、又は国籍離脱の届出を受理したときは、官報にその旨を告示しなければならない。

②　帰化又は国籍の離脱は、前項の告示の日から効力を生ずる。

第13条　前２条に定めるものの外、帰化及び国籍の離脱に関する手続は、法務大臣が定める。

　　　附　則

①　この法律は、昭和25年７月１日から施行する。

国籍法施行規則

（昭和59年11月1日法務省令第39号）

最終改正　平成28年3月22日法務省令第9号

第1条（国籍取得の届出）　国籍法（昭和25年法律第147号。以下「法」とい
う。）第3条第1項又は第17条第2項の規定による国籍取得の届出は、国
籍の取得をしようとする者が日本に住所を有するときはその住所地を管轄
する法務局又は地方法務局の長を経由して、その者が外国に住所を有する
ときはその国に駐在する領事官（領事官の職務を行う大使館若しくは公使
館の長又はその事務を代理する者を含む。以下同じ。）を経由してしなけ
ればならない。ただし、その者が外国に住所を有する場合であつても日本
に居所を有するときは、その居所地を管轄する法務局又は地方法務局の長
を経由してすることができる。

② 　法第17条第1項の規定による国籍取得の届出は、国籍の取得をしようと
する者の住所地を管轄する法務局又は地方法務局の長を経由してしなけれ
ばならない。

③ 　前2項の届出は、届出をしようとする者が自ら法務局、地方法務局又は
在外公館に出頭して、書面によつてしなければならない。

④ 　届書には、次の事項を記載して届出をする者が署名しなければならない。

　　1 　国籍の取得をしようとする者の氏名、現に有する国籍、出生の年月日
　　　及び場所、住所並びに男女の別

　　2 　父母の氏名及び本籍、父又は母が外国人であるときは、その氏名及び
　　　国籍

　　3 　国籍を取得すべき事由

⑤ 　法第3条第1項の規定による国籍取得の届出をする場合においては、前
項の届書に次に掲げる書類を添付しなければならない。ただし、やむを得
ない理由により、第3号又は第4号の書類を添付することができないとき
は、その理由を記載した書類を提出するものとし、認知の裁判が確定して
いるときは、第3号から第5号までの書類の添付を要しないものとする。

 1　認知した父又は母の出生時からの戸籍及び除かれた戸籍の謄本又は全部事項証明書
 2　国籍の取得をしようとする者の出生を証する書面
 3　認知に至つた経緯等を記載した父母の申述書
 4　母が国籍の取得をしようとする者を懐胎した時期に係る父母の渡航履歴を証する書面
 5　その他実親子関係を認めるに足りる資料
⑥　法第17条の規定による国籍取得の届出をする場合においては、第4項の届書に国籍取得の条件を備えていることを証するに足りる書類を添付しなければならない。

第2条（帰化の許可の申請）　帰化の許可の申請は、帰化をしようとする者の住所地を管轄する法務局又は地方法務局の長を経由してしなければならない。
②　前項の申請は、申請をしようとする者が自ら法務局又は地方法務局に出頭して、書面によつてしなければならない。
③　申請書には、次の事項を記載して申請をする者が署名し、帰化に必要な条件を備えていることを証するに足りる書類を添付しなければならない。
 1　帰化をしようとする者の氏名、現に有する国籍、出生の年月日及び場所、住所並びに男女の別
 2　父母の氏名及び本籍、父又は母が外国人であるときは、その氏名及び国籍
 3　帰化の許否に関し参考となるべき事項

第3条（国籍離脱の届出）　国籍離脱の届出については、第1条第1項及び第3項の規定を準用する。
②　届書には、次の事項を記載して届出をする者が署名し、国籍離脱の条件を備えていることを証するに足りる書類を添付しなければならない。
 1　国籍の離脱をしようとする者の氏名、出生の年月日、住所及び戸籍の表示
 2　現に有する外国の国籍

第4条（法定代理人がする届出等）　法第18条の規定により法定代理人が国籍取得若しくは国籍離脱の届出又は帰化の許可の申請をするときは、届書

又は申請書に法定代理人の氏名、住所及び資格を記載し、その資格を証する書面を添付しなければならない。

第5条（訳文の添付）　届書又は申請書の添付書類が外国語によつて作成されているときは、その書類に翻訳者を明らかにした訳文を添付しなければならない。

第6条（国籍の選択の催告）　法第15条第1項に規定する催告は、これを受けるべき者が外国に在るときは、その国に駐在する領事官を経由してすることができる。

②　法務大臣は、法第15条第1項又は第2項の規定による催告をしたときは、法務局又は地方法務局の長に、その催告を受けた者の氏名及び戸籍の表示並びに催告が到達した日を、本籍地の市町村長（特別区にあつては区長、地方自治法（昭和22年法律第67号）第252条の19第1項の指定都市にあつては、区長又は総合区長）に対して通知させるものとする。

第7条（聴聞の通知）　法第16条第2項の宣告に係る聴聞の通知は、これを受けるべき者が外国に在るときは、その国に駐在する領事官を経由してすることができる。

　　　附　則

①（施行期日）　この省令は、昭和60年1月1日から施行する。

②（特例による国籍取得の届出）　国籍法及び戸籍法の一部を改正する法律（昭和59年法律第45号）附則第5条第1項又は第6条第1項の規定による国籍取得の届出については、第1条第1項、第3項、第4項及び第6項、第4条並びに第5条の規定を準用する。

　　　附　則　　（平成6年9月12日法務省令第44号）

（施行期日）

　この省令は、行政手続法（平成5年法律第88号）の施行の日から施行する。

　　　附　則　　（平成20年12月18日法務省令第73号）

第1条（施行期日）　この省令は、国籍法の一部を改正する法律（平成20年法律第88号。以下「改正法」という。）の施行の日（平成21年1月1日）から施行する。

第2条（経過措置及び特例による国籍取得の届出）　改正法附則第2条第1項又は第5条第1項の規定による国籍取得の届出については、この省令に

よる改正後の国籍法施行規則（以下「改正規則」という。）第１条第１項、第３項、第４項及び第６項、第４条並びに第５条の規定を準用し、同法附則第４条第１項の規定による国籍取得の届出については、改正規則第１条第１項及び第３項から第５項まで、第４条並びに第５条の規定を準用する。

第３条（国籍取得の届書の記載事項等）　戸籍法施行規則（昭和22年司法省令第94号）第58条の２の規定は、改正法附則第２条第１項、第４条第１項又は第５条第１項の規定によって国籍を取得した場合の国籍取得の届出について準用する。

　　　附　　則　　（平成28年３月22日法務省令第９号）

この省令は、地方自治法の一部を改正する法律の施行の日（平成28年４月１日）から施行する。

国籍法及び戸籍法の一部を改正する法律等の施行に伴う国籍取得の届出、帰化の許可の申請及び国籍離脱の届出に関する取扱いについて

（昭和59年11月１日法務省民五第5506号民事局長通達）

改正　平成６年10月13日民五第6500号通達

平成20年12月18日民一第3300号通達

平成20年12月19日民一第3309号通達

　国籍法及び戸籍法の一部を改正する法律（昭和59年法律第45号）及び国籍法施行規則（昭和59年法務省令第39号）が昭和60年１月１日から施行されるので、これに伴う国籍取得の届出、帰化の許可の申請及び国籍離脱の届出に関する国籍事務の取扱いについては、下記の諸点に留意されたく、この旨貴管下国籍事務担当者に周知させ、その事務の処理に遺憾のないよう取り計らわれたい。

　なお、本通達中「法」は改正後の国籍法を、「附則」は改正法の附則を、「規則」は改正後の国籍法施行規則をそれぞれいうものとし、引用する条文は、特に断らない限りすべて改正後のものである。

記

（編注　第１は平成20年12月18日民一第3300号通達により変更あり。国籍取得の届出については同通達第１参照。）

第１　国籍取得の届出

　準正により日本国民の嫡出子たる身分を取得した者、国籍を留保する意思を表示しなかつたことにより日本の国籍を失つた者等は、所定の条件を備えるときは、法務大臣に届け出ることによつて、その届出の時に日本の国籍を取得することができるものとする、届出による国籍の取得の制度が新設された（法第３条、第17条）。

　この届出は、法務局又は地方法務局の長を経由してしなければならないこととされた（規則第１条第１項又は第２項）が、法務局又は地方法務局における当該届出に関する事務の処理及び留意すべき事項は、おお

むね次のとおりである。

1　届出

(1)　届書

　　届出は、書面によつてしなければならないこととされた（規則第1条第3項）が、その届書は届出人に付録第1号から第3号までの様式による用紙を交付して作成させるものとする。

(2)　届出人の出頭

　　届出は、届出人が自ら法務局又は地方法務局に出頭してしなければならないこととされた（規則第1条第3項）ので、届出を受け付ける前に、出頭した者が届出人本人であるか否かを確認するとともに、その者の届出意思をも確認するものとする。

　　出頭してきた者が届出人本人であるか否かの確認は、外国人登録証明書、旅券等その者が届出人本人であることを証するに足りる書面の提示を求めるほか、届書及びその添付書類に基づいた適宜な質問をする等によつてするものとする。

　　届出意思の確認は、届書の署名が届出人の自筆したものであるか否かを確認することによつてするものとする。

(3)　添付書類

　　届書には、国籍の取得をしようとする者が国籍取得の条件を備えていることを証するに足りる書類を添付しなければならないこととされた（規則第1条第4項）が、これらの書類としては、原則として戸籍謄本等の公的資料を提出させるものとし、これができない場合には、公的資料に代わり得る相当な資料又は届出人及び関係者の申述書を提出させるものとする。

2　受付

(1)　届出の受付は、受付簿に所要の事項を記載し、かつ、届書の適宜な箇所に受付印を押印の上、受付年月日時分及び受付番号を記入してするものとする。

(2)　届出の効力は、その届出が適法なものであるときは、法務局又は地方法務局において届出を受け付けた時に生ずる（法第3条第2項、第17条第3項参照）ので、受付手続は、事前に届出人の提出すべき

書類がそろつているか否か、その記載が整つているか否かを点検し、書類が不足する場合には完備させ、記載に不備がある場合には補正させた上、適法な届出であると認められるときにするものとする。

(3) 受付手続を経ないで届書又はその添付書類を預かることのないように留意するものとする。

3 受付後の調査

届出を受け付けた後に届書又はその添付書類の成立又は内容について疑義が生じたときは、届出人若しくは関係者に文書等で照会し、又は届出人若しくは関係者宅等に赴いて事情聴取する等して、その事実関係を調査するものとする。

4 国籍取得証明書の交付等

(1) 法務局又は地方法務局の長は、届出が適法な手続によつてされ、かつ、国籍の取得をする者が国籍取得の条件を備えているときは、届出人に付録第4号様式による国籍取得証明書を交付するものとする。

(2) 法務局又は地方法務局の長は、届出が適法な手続によつてされていないとき又は国籍の取得をしようとする者が国籍取得の条件を備えているものと認められないときは、その旨届出人に通知するものとする。

第2 帰化の許可の申請

日本国民の夫又は妻の帰化条件を同一に定めるとともに、生計条件、重国籍防止条件等の帰化条件を緩和することとされた（法第5条第1項第4号、第2項、第7条、第8条第4号）。

この帰化の許可の申請に関する事務の処理上特に留意すべき事項は、次のとおりである。

1 生計条件

法第5条第1項第4号の「生計を一にする配偶者その他の親族」には、世帯を同じくする配偶者その他の親族はもとより、世帯を異にする配偶者その他の親族であつても、申請者を現在及び将来にわたつて継続的に扶養する者は、これに含まれる。

2 重国籍防止条件の特例

⑴　法第5条第2項の「外国人でその意思にかかわらずその国籍を失う ことができない場合」とは、当該外国人が属する国の法制又は事情に より法第5条第1項第5号の条件を備えることができない場合をいう。

　　申請者が属する国の法制上帰化後に従前の国籍を離脱することが可 能であつても、帰化前にこれをすることができない場合は、これに該 当する。

⑵　法第5条第2項の「日本国民との親族関係又は境遇につき特別の事 情があると認めるとき」とは、申請者が日本国民の配偶者又は子等で あつてその生活実態が我が国と特に密接な関連があるとき又は申請者 が難民と認定されている者等であつて特に人道上の配慮を要するとき などをいう。

第3　国籍離脱の届出

　国籍離脱についての官報告示が廃止され、国籍の離脱は、その届出の時 に効力が生ずるものとされた（法第13条第2項）。

　この届出は、法務局又は地方法務局の長を経由してしなければならない こととされた（規則第3条第1項において準用する規則第1条第1項）が、 法務局又は地方法務局における当該届出に関する事務の処理及び留意すべ き事項は、おおむね次のとおりである。

1　届出

　届出については、その届書の様式は付録第5号様式によるものとする ほか、第1の1に準じて取り扱うものとする。

2　受付及び受付後の調査

　受付及び受付後の調査については、第1の2及び3に準じて取り扱う ものとする。

3　届出人への通知等

⑴　法務局又は地方法務局の長は、届出が適法な手続によつてされ、か つ、国籍の離脱をする者が国籍離脱の条件を備えているときは、その 旨届出人に通知するとともに、国籍の離脱をする者の本籍地の市区町 村長に戸籍法第105条の報告をするものとする。

⑵　法務局又は地方法務局の長は、届出が適法な手続によつてされてい ないとき又は国籍の離脱をしようとする者が国籍離脱の条件を備えて

いるものと認められないときは、その旨届出人に通知するものとする。

第4　経過措置

（編注　第4は平成20年12月18日民一第3300号通達により変更あるため
略した。同通達第2参照。）

（編注　付録第1号様式から第4号様式まで、第6号様式、第7号様式
は平成20年12月18日民一第3300号通達により削除）

付録第5号様式

国 籍 離 脱 届

平成　　年　　月　　日

法 務 大 臣 殿

日本の国籍を離脱したいので届出をします。

国籍を離脱しようとする者	（ふりがな）氏　　名	
	生 年 月 日	年　　月　　日
	住　　　所	番地・番・号
	本　　　籍	番地／筆頭者の氏名　　　　番 ／筆頭者との続柄
	現 に 有 す る 外 国 の 国 籍	
	添 付 書 類	□戸籍謄本　　□住所を証する書面　□ （住民票の写し） □国籍証明書　□資格を証する書面
	届 出 人 署 名	

※日本国籍を離脱しようとする者が15歳未満のときは、下欄に書いてください。

法 定 代 理 人 の 資 格	親権者（□父　　□母 ／□養父　□養母）　□後見人
署　　　名	
住　　　所	番地・番・号　　　　　番地・番・号

届出人連絡先電話番号　　　（　　　）

上記署名は自筆したものであり、届出人は写真等と相違ないことを確認した。
受付担当官

（処理欄）

注意事項
1　必ず届出人本人が出頭し、届出人本人であることを証するもの（身分証明書、運転免許証等）
　　を持参してください。
2　国籍離脱の条件を備えていることを証する公的資料（戸籍謄本、国籍証明書、旅券等）を添
　　付し、それが外国語で書かれているときは、その日本語訳文も添付してください。
3　届出人が国籍を離脱しようとする者の法定代理人である場合には、その資格を証する公的資
　　料を添付してください。
4　届出人の署名は、受付の際に自筆していただきますので、空欄のままにしておいてください。
5　□には、該当する事項の□内に✓印を付けてください。
6　太枠の確認欄及び処理欄には記載しないでください。

236

国籍法の一部を改正する法律等の施行に伴う国籍取得の届出に関する取扱いの変更について

（平成20年12月18日法務省民一第3300号民事局長通達）

改正　平成24年３月22日法務省民一第746号通達

令和２年３月24日法務省民一第469号通達

令和４年２月９日法務省民一第284号通達

　国籍法の一部を改正する法律（平成20年法律第88号。以下「平成20年改正法」という。）が平成21年１月１日から施行されることに伴い、国籍法施行規則の一部を改正する省令（平成20年法務省令第73号。以下「改正省令」という。）が本日公布され、平成20年改正法の施行の日から施行されることとなりました。

　ついては、この改正に伴い、国籍取得の届出に関する国籍事務の取扱いについて示した昭和59年11月１日付け法務省民五第5506号当職通達にかかわらず、国籍取得の届出に関する国籍事務については、下記のとおり取り扱うこととしますので、これに留意し、事務処理上遺憾のないよう取り計らい願います。

　なお、本通達中、「法」とあるのは平成20年改正法による改正後の国籍法を、「規則」とあるのは改正省令による改正後の国籍法施行規則をいいます。

　おって、本通達に反する従前の取扱いは、本通達によって変更し、又は廃止するので、念のため申し添えます。

記

第１　国籍取得の届出

　平成20年改正法により、出生後に日本国民から認知された子は、父母の婚姻の有無を問わず、所定の条件を備えるときは、法務大臣に届け出ることによって、その届出の時に日本の国籍を取得することができるものとされ（法第３条）、虚偽の届出をした者に対する罰則が設けられた（法第20条）。

　また、国籍法及び戸籍法の一部を改正する法律（昭和59年法律第45号。

237

以下「昭和59年改正法」という。）により、国籍を留保する意思を表示しなかったことにより日本の国籍を失った者等は、所定の条件を備えるときは、法務大臣に届け出ることによって、その届出の時に日本の国籍を取得することができるものとされている（法第17条）。

　これらの届出は、法務局又は地方法務局の長を経由してしなければならない（規則第1条第1項又は第2項）が、法務局又は地方法務局における当該届出に関する事務の処理及び留意すべき事項は、おおむね次のとおりである。

1　届出
　(1)　届書
　　　届出は、書面によってしなければならない（規則第1条第3項）が、その届書は届出人に付録第1号から第3号までの様式による用紙を交付して作成させるものとする。
　(2)　届出人の出頭
　　　届出は、届出人が自ら法務局又は地方法務局に出頭してしなければならない（規則第1条第3項）ので、届出を受け付ける前に、出頭した者が届出人本人であるか否かを確認するとともに、その者の届出意思をも確認するものとする。
　　　出頭してきた者が届出人本人であるか否かの確認は、在留カード、旅券等その者が届出人本人であることを証するに足りる書面の提示を求めるほか、届書及びその添付書類に基づいた適宜な質問をすること等によってするものとする。
　　　届出意思の確認は、届書の署名が届出人の自筆したものであるか否かを確認することによってするものとする。
　(3)　添付書類
　　　法第3条第1項の規定による届出については、届書に添付しなければならない書類が具体的に掲げられ（規則第1条第5項）、法第17条の規定による届出については、届書に国籍の取得をしようとする者（以下「事件本人」という。）が国籍取得の条件を備えていることを証するに足りる書類を添付しなければならないこととされた（規則第1条第6項）。これらの書類としては、原則として戸籍謄本等の公的資

238

料を提出させるものとし、これができない場合には、公的資料に代わり得る相当な資料又は届出人及び関係者の申述書を提出させるものとする。

　なお、法第3条第1項の規定による届出の添付書類のうち「その他実親子関係を認めるに足りる資料」（規則第1条第5項第5号）としては、例えば次のようなものがある。

　ア　外国の方式による認知証明書

　イ　事件本人の父及び母の日本における居住歴を証する書面（母が事件本人を懐胎した時期からのもの）

　ウ　事件本人の日本における居住歴を証する書面

　エ　事件本人とその父母の3人が写った写真

2　受付

(1)　届出の受付は、届書の適宜な箇所に受付印を押印の上、受付年月日時分及び受付番号を記入し、かつ、受付簿に所要の事項を記載してするものとする。

(2)　届出の効力は、その届出が適法なものであるときは、法務局又は地方法務局において届出を受け付けた時に生ずる（法第3条第2項、第17条第3項）ので、受付手続は、事前にその記載が整っているか否か、届出人の提出すべき書類がそろっているか否かを点検し、書類が不足する場合には完備させ、記載に不備がある場合には補正させた上で、するものとする。

(3)　受付手続を経ないで届書又はその添付書類を預かることのないように留意するものとする。

(4)　法第3条第1項の規定による届出に関して受付をしなかった場合において、虚偽の届出がされようとした疑いがあると認められるときは、その旨当職に速やかに報告するものとする。

3　受付後の調査

(1)　届出を受け付けた後に届書又はその添付書類の成立又は内容について疑義が生じたときは、届出人若しくは関係者に文書等で照会し、又は届出人若しくは関係者宅等に赴いて事情聴取する等して、その事実関係を調査するものとする。

(2) 法第3条第1項の規定による届出については、事件本人の父母が届出人たる法定代理人とならない場合であっても、届出人に対して、できる限り父母双方が出頭するよう求めるものとし、受付後に、出頭した父母から、認知に至った経緯等を記載した父母の申述書の内容等に基づき、認知に至った経緯等を聴取するものとする。ただし、認知の裁判が確定しているときは、この限りでない。

(3) 法第3条第1項の規定による届出について、規則第1条第5項第3号若しくは同項第4号の書類を届書に添付することができないやむを得ない理由を記載した書類が提出されているとき又は提出された旅券では出入国の有無を確認することができないとき（顔認証ゲートの利用等）は、受付後に、事件本人の父母の出入国記録等を取り寄せるなど父子関係の有無を確認するために必要な調査を行うものとする。

4 国籍取得証明書の交付等

(1) 法務局又は地方法務局の長は、届出が適法な手続によってされ、かつ、事件本人が国籍取得の条件を備えているときは、届出人に付録第4号様式による国籍取得証明書を交付するものとする。

(2) 法務局又は地方法務局の長は、届出が適法な手続によってされていないとき又は事件本人が国籍取得の条件を備えているものと認められないときは、その旨届出人に通知するものとする。ただし、事件本人が法第3条第1項の条件を備えているものとは認められない旨を通知する場合において、それが虚偽の届出がされたことを理由とするときは、届出人に通知する前に虚偽の届出がされた旨当職に速やかに報告し、当職の指示を受けて届出人に通知するものとする。

5 法第3条第1項の規定による届出に関する関係機関への通知等

(1) 市区町村長等への通知

　4(2)ただし書により届出人に通知した場合において、それが虚偽の認知届がされたことを理由とするものであり、認知者の戸籍に当該認知事項が記載されているときは、戸籍法（昭和22年法律第224号）第24条第4項の規定により、当該認知事項の記載が法律上許されないものであることを認知当時の認知者の本籍地の市区町村長に通知するものとする。

　　なお、その市区町村の管轄法務局又は地方法務局が届出を受け付け
た法務局又は地方法務局と異なるときは、戸籍法第24条第4項の規定
により通知した旨を管轄法務局又は地方法務局の長にも通知するもの
とする。

(2)　捜査関係機関への情報提供

　　4(2)ただし書又は2(4)により当職に報告した場合は、当職の指示を
受けて捜査関係機関に通報することにより必要な情報を提供するもの
とする。

第2　経過措置

1　昭和59年改正法の経過措置

　　昭和59年改正法の経過措置として、同法施行前に日本国民である母か
ら出生した子及びその者の子は、所定の条件を備えるときは、同法施行
後3年間（天災その他その責めに帰することができない事由により同法
施行後3年以内に届け出ることができないときは、その期間は届出をす
ることができるようになったときから3月）に限り、法務大臣に届け出
ることによって、その届出の時に日本の国籍を取得することができるも
のとされている（昭和59年改正法附則第5条第1項、第3項、第4項、
第6条）。

　　この届出は、法務局又は地方法務局の長を経由してしなければならな
い（規則の附則第2項において準用する規則第1条第1項）が、法務局
又は地方法務局における当該届出に関する事務の処理及び留意すべき事
項については、その届書の様式は付録第5号又は第6号様式によるもの
とするほか、第1（法第3条第1項の規定による届出に関する取扱いを
除く。）に準じて取り扱うものとする。

2　平成20年改正法の経過措置

(1)　従前の届出をした者の国籍の取得に関する経過措置及び国籍を取得
　　した者の子の国籍の取得に関する特例

　　平成20年改正法の経過措置として、日本国民により認知され昭和60
年1月1日から平成20年6月4日までに従前の届出をした者、及び昭
和60年1月1日から平成14年12月31日までに従前の届出をしたこと
により国籍を取得した者の子で当該従前の届出以後に出生したものにつ

いて、所定の条件を備えるときは、同法施行後3年間（天災その他その責めに帰することができない事由により同法施行後3年以内に届け出ることができないときは、その期間は届出をすることができるようになったときから3月）に限り、法務大臣に届け出ることによって、その届出の時（平成15年1月1日以後に従前の届出をしているときは、当該従前の届出の時）に日本の国籍を取得することができるものとされ（平成20年改正法附則第2条第1項、第3項、第5条第1項、第2項）、虚偽の届出をした者に対する罰則が設けられた（平成20年改正法附則第11条）。

　この届出は、法務局又は地方法務局の長を経由してしなければならないこととされた（改正省令附則第2条において準用する規則第1条第1項）が、法務局又は地方法務局における当該届出に関する事務の処理及び留意すべき事項については、その届書の様式は付録第7号又は第9号様式によるものとするほか、第1（第1の1(3)のうち法第3条第1項の規定による届出のみに関する取扱い並びに第1の3(2)及び(3)の取扱いを除く。）に準じて取り扱うものとする。

(2)　従前の届出をした者以外の認知された子の国籍の取得に関する経過措置

　平成20年改正法の経過措置として、平成15年1月1日から平成20年改正法施行日の前日までの間に法第3条第1項の要件を備えていた者で20歳を超えたことにより同項の規定による届出ができないものについて、所定の条件を備えるときは、同法施行後3年間（天災その他その責めに帰することができない事由により同法施行後3年以内に届け出ることができないときは、その期間は届出をすることができるようになったときから3月）に限り、法務大臣に届け出ることによって、その届出の時に日本の国籍を取得することができるものとされ（平成20年改正法附則第4条）、虚偽の届出をした者に対する罰則が設けられた（平成20年改正法附則第11条）。

　この届出は、法務局又は地方法務局の長を経由してしなければならないこととされた（改正省令附則第2条において準用する規則第1条第1項）が、法務局又は地方法務局における当該届出に関する事務の

242

処理及び留意すべき事項については、その届書の様式は付録第8号様式によるものとするほか、第1（第1の1⑶については、法第17条の規定による届出のみに関する取扱いを除く。）に準じて取り扱うものとする。

3　平成30年改正法の経過措置

⑴　認知された子の国籍の取得に関する経過措置

　　成年年齢の引下げ等を内容とする民法の一部を改正する法律（平成30年法律第59号。以下「平成30年改正法」という。）の経過措置として、同法の施行の際に法第3条第1項に規定する要件（法務大臣への届出を除く。）に該当する者で16歳以上のものは、平成30年改正法附則第13条の規定による改正後の法（以下「新国籍法」という。）第3条第1項の規定にかかわらず、施行日から2年以内に限り、なお従前の例により日本の国籍を取得することができるものとされ（平成30年改正法附則第13条第1項）、この場合における施行日以後にした虚偽の届出に対する罰則（法第20条）の適用についても、なお従前の例によるものとされた（平成30年改正法附則第25条）。

　　この届出は、従前の例によるものとされたが、法務局又は地方法務局における当該届出に関する事務の処理及び留意すべき事項については、その届書の様式は付録第10号様式によるものとするほか、第1に準じて取り扱うものとする。

⑵　国籍不留保により日本国籍を失った者の国籍の取得に関する経過措置

　　平成30年改正法の経過措置として、同法の施行の際に法第12条の規定により日本の国籍を失っていた者で16歳以上のものは、新国籍法第17条第1項の規定にかかわらず、施行日から2年以内に限り、なお従前の例により日本の国籍を取得することができるものとされた（平成30年改正法附則第13条第4項）。

　　この届出は、従前の例によるものとされたが、法務局又は地方法務局における当該届出に関する事務の処理及び留意すべき事項については、その届書の様式は付録第11号様式によるものとするほか、第1に準じて取り扱うものとする。

国 籍 取 得 届

（国籍法第3条第1項）

年　　月　　日

法 務 大 臣 殿

日本の国籍を取得したいので届出をします。　　　　　（　　年　　月　　日撮影）

日本国籍を取得しようとする者	（よみかた）	（氏）　　　　　　　　　　　　　　（名）		
	氏　　名			
	国　　籍		父母との続柄	□ 男　□ 女
	生年月日	年　　　月　　　日		
	出生場所			
	住　　所		番地番　　　号	

国籍を取得しようとする者の父母	氏　　名	父（氏）　　　　　（名）	母（氏）　　　　　（名）
	本　　籍		
	外国人の場合は国　籍	番地番 筆頭者の氏名	番地番 筆頭者の氏名

国籍を取得すべき事由	□ 父 が 認 知 を し た 。 （父が認知をした日　　　年　　　月　　　日） □ 18歳未満である。 □ 日本国民であったことがない。 □ 認知をした父が子の出生の時に日本国民であった。 認知をした父が □ 現に日本国民である。 　　　　　　　　 □ 死亡の時に日本国民であった。 　　　　　　　（死亡した日　　　年　　　月　　　日）

※国籍取得後の戸籍の編製に必要なため、下欄に書いてください（裏面の注意事項6から8に注意してください。）。

国籍取得後の本　籍		父母婚姻の有無	□ 有 □ 無
国籍取得後の氏　名	（氏）　　　　　　　　　（名）		
その他	国籍を取得しようとする者が □ 婚姻をしている。（　　年　　月　　日　　　と婚姻） □ 養子縁組をしている。（　　年　　月　　日　　　と縁組） □ 認知している。（　　年　　月　　日　　　を認知） □		

（裏面）

届 出 人 署 名	

※国籍を取得しようとする者が 15 歳未満のときは、下欄に書いてください。

法定代理人 の 資 格	親権者（ □父 　　　　　□養父　　□養母 □母 ）　　　　□後見人	
署 名		
住 所	番地 番　　号	番地 番　　号

上記署名は自筆したものであり、届出人は写真等と相違ないことを確認した。
　　　　　　　　　　　　　　　　　　　　　　　　　受付担当官

（届出人連絡先電話番号　　　　　　　　　　　　　　　　　　　　）

注意事項
1　必ず届出人本人が出頭し、届出人本人であることを証するもの（在留カード、旅券等）を持参してください。
2　国籍取得の条件を備えていることを証する公的資料（出生証明書、父の戸籍謄本、父母の渡航履歴を証する資料等）及び父母の申述書を添付し、それが外国語で書かれているときは、その日本語訳文も添付してください。
3　届出人が国籍を取得しようとする者の法定代理人である場合は、その資格を証する公的資料を添付してください。
4　届出人または法定代理人の署名は、受付の際に自筆していただきますので、空欄のままにしておいてください。
5　□には、該当する事項の□内に√印を付けてください。
6　「国籍取得後の本籍」には、土地の地番あるいは住居表示が使用できます。ただし、住居表示番号の場合は「○丁目○番」（※○号は記載できません）と記載してください。なお、実在しない町名、地番などは使用できませんので、分からない場合は、本籍としたい市区町村に確認してください。
　　また、①日本人と婚姻している場合は戸籍法上の届出（戸籍法第 102 条）において本籍を記載していただくため、②父母が婚姻している場合（婚姻していた場合）または日本人と養子縁組している場合は国籍取得後の本籍は法律上当然に決まりますので、①②の場合とも本籍を記載する必要はありません。母の戸籍に入る場合はその旨記載してください。
7　「父母婚姻の有無」欄の「有」には、父母が婚姻していた場合も含まれます。
8　「国籍取得後の氏名」のうち「名」は、常用漢字表、戸籍法施行規則別表第二に掲げる漢字、ひらがな、カタカナで書いてください。
　　なお、氏については、その他の正しい日本文字も使用することができますが、①日本人と婚姻している場合は戸籍法上の届出（戸籍法第 102 条）において記載していただくため、②父母が婚姻している場合（婚姻していた場合）または日本人と養子縁組している場合は法律上当然に決まるため、③母の戸籍に入る場合は母と同一の氏を称するため、①②③の場合は記載する必要はありません。
9　この届出によって日本と外国の両方の国籍を有することとなった場合は、20 歳に達するまでに、いずれかの国籍を選択しなければなりません（国籍法第 14 条）。
10　太枠の確認欄には記載しないでください。

事実に反する内容で届出をした場合は、刑罰に処せられることがあります。

国 籍 取 得 届

（国籍法第17条第1項）

年　　月　　日

法 務 大 臣 殿

日本の国籍を取得したいので届出をします。　　　　（　　年　月　日撮影）

日本国籍を取得しようとする者	（よみかた）	（氏）　　　　　　　　　（名）		
	氏　　名			
	国　　籍		父母との続柄	□ 男　□ 女
	生年月日	年　　　月　　　日		
	出生場所			
	住　　所		番　地番　　　　号	

国籍を取得しようとする者の父母	氏　　名	父（氏）　　　　（名）	母（氏）　　　　（名）	
	本　　籍			
		番　地番	番　地番	
	外国人の場合は国　　籍	筆頭者の氏名	筆頭者の氏名	

| 国籍を取得すべき事由 | □ 国籍留保の届出をしなかったため日本の国籍を失った。
□ 18歳未満である。
□ 日本に住所を有する。 |

※国籍取得後の戸籍の編製に必要なため、下欄に書いてください（裏面の注意事項6に注意してください。）。

| 国籍取得後の名 | |
| その他 | □ 国籍を取得しようとする者が
□ 婚姻をしている。（　　年　月　日　　と婚姻）
□ 養子縁組をしている。（年　年　月　日日　　とと縁組）
□ 認知している。（　　年　月　日　　を認知）
□ 認知されている（　　年　月　日　　から認知）
□ |

246

（裏面）

届　出　人 署　　　名	

※国籍を取得しようとする者が 15 歳未満のときは、下欄に書いてください。

法定代理人 の　資　格	親権者（ □ 父　　　　　□ 母 　　　　　 □ 養父　　　　□ 養母 ）　　　□ 後見人	
署　　　名		
住　　　所	------------------------------ 番　地 番　　号	番　地 番　　号

上記署名は自筆したものであり、届出人は写真等と相違ないことを確認した。
受付担当官

（届出人連絡先電話番号　　　　　　　　　　　　　）

注意事項
1　必ず届出人本人が出頭し、届出人本人であることを証するもの（在留カード、旅券等）を持参してください。
2　国籍取得の条件を備えていることを証する公的資料（出生証明書、父の戸籍謄本、国籍、在留資格、在留期間及び在留期間の満了日について記載のある住民票の写し等）を添付し、それが外国語で書かれているときは、その日本語訳文も添付してください。
3　届出人が国籍を取得しようとする者の法定代理人である場合は、その資格を証する公的資料を添付してください。
4　届出人または法定代理人の署名は、受付の際に自筆していただきますので、空欄のままにしておいてください。
5　□には、該当する事項の□内に √印を付けてください。
6　「国籍取得後の名」は、常用漢字表、戸籍法施行規則別表第二に掲げる漢字、ひらがな、カタカナで書いてください。
　　なお、国籍取得後の氏は、法律上当然に決まります。
7　この届出によって日本と外国の両方の国籍を有することとなった場合は、20 歳に達するまでに、いずれかの国籍を選択しなければなりません（国籍法第 14 条）。
8　太枠の確認欄には記載しないでください。

国 籍 取 得 届

（国籍法第17条第2項）

平成　　年　　月　　日

法 務 大 臣 殿

日本の国籍を取得したいので届出をします。　　　　　　（平成　　年　　月　　日撮影）

日本国籍を取得しようとする者	（よみかた）	（氏）　　　　　　　　　　　　　（名）			
	氏　名				
	国　籍		父母との続柄		□ 男　□ 女
	生年月日	年　　　　月　　　　日			
	出生場所				
	住　所		番地番　　　　　号		

国籍を取得しようとする者の父母	氏　名	父（氏）　　　　　　　（名）	母（氏）　　　　　　　（名）
	本　籍		
	外国人の場合は国籍	番地番	番地番
		筆頭者の氏名	筆頭者の氏名

国籍を取得すべき事由	□官報による国籍選択の催告を受けて，期限内に日本の国籍を選択しなかったため日本の国籍を失った。（官報による催告を受けた日　　　　　　　年　　　　月　　　　日） □国籍を有せず，又は日本の国籍の取得によって現に有する外国の国籍を失う。 □日本の国籍を失ったことを知った日から1年以内の届出である。 　　　　（日本の国籍を失ったことを知った日　　　　　年　　　　月　　　　日） □期間内に届け出ることができなかった。 　　　　自己の責めに帰することができない事由 　　　　届け出ることができるに至った日　　　　　　　年　　　　月　　　　日

※国籍取得後の戸籍の編製に必要なため，下欄に書いてください（裏面の注意事項5に注意してください。）。

国籍取得後の名	
その他	国籍を取得しようとする者が □ 婚姻をしている。（　　　年　　　月　　　日　　　　と婚姻） □ 養子縁組をしている。（　　　年　　　月　　　日　　　と縁組） □ 認知している。（　　　年　　　月　　　日　　　を認知） □ 認知されている（　　　年　　　月　　　日　　　から認知） □

248

（裏面）

届　出　人 署　　　名	
上記署名は自筆したものであり，届出人は写真等と相違ないことを確認した。 　　　　　　　　　　　　　　　　　　　　　受付担当官	

（届出人連絡先電話番号　　　　　　　　　　　　　　　　　）

注意事項
1　必ず届出人本人が出頭し，届出人本人であることを証するもの（在留カード，旅券等）を持参してください。
2　国籍取得の条件を備えていることを証する公的資料（官報の写し，戸籍謄本等）を添付し，それが外国語で書かれているときは，その日本語訳文も添付してください。
3　届出人の署名は，受付の際に自筆していただきますので，空欄のままにしておいてください。
4　□には，該当する事項の□内に√印を付けてください。
5　「国籍取得後の名」は，常用漢字表，戸籍法施行規則別表第二に掲げる漢字，ひらがな，カタカナで書いてください。
　　なお，国籍取得後の氏は，法律上当然に決まります。
6　太枠の確認欄には記載しないでください。

付録第4号様式

国　籍　取　得　証　明　書		第　　　　号	

国籍を取得した者	従　前　の　氏　名	(氏)　　　　　　　　　　(名)		
	国籍取得の際の外国の国籍		父の母続と柄	
	生　年　月　日			
	出　生　場　所			
	出生届に関する事項	年　　月　　日　　　　　　　　　　に届出		
	住　　　　　　所			

国　籍　取　得　年　月　日	年　　月　　日	

国籍を取得した者の父母	氏　　　　　　名	父 (氏)　　(名)	母 (氏)　　(名)
	本　籍　又　は　国　籍	①	②
		番地番	番地番
		筆頭者の氏名	筆頭者の氏名

国籍を取得した者の国籍取得後の氏名	(氏)　　　　　　　　　(名)

国籍を取得した者の入るべき戸籍及び身分事項	

備　　　　　考	

上記の者は〔国籍法昭和59年改正法附則／平成20年改正法附則〕第　条第　項
の届出により日本の国籍を取得したことを証明する。

平成　年　月　日

法務局（地方法務局）長

注意事項：この証明書は，戸籍法第102条の届書に添付して市区町村長に提出してください。
（　　　年　　月　　日交付　　印）

250

付録第5号様式

国 籍 取 得 届

（昭和５９年改正法附則第５条第１項）

平成　　　年　　　月　　　日

法 務 大 臣 殿

日本の国籍を取得したいので届出をします。　　　　　　　　（平成　年　月　日撮影）

日本国籍を取得しようとする者	（よみかた）	（氏）		（名）		
	氏　名					
	国　籍		父母との続柄		□ 男 □ 女	
	生年月日	年　　　月　　　日				
	出生場所					
	住　所			番　地番		号

国籍を取得しようとする者の父母	氏　名	父（氏）　　　　　（名）	母（氏）　　　　　（名）
	本　籍		
	外国人の場合は国　籍	番　地番 筆頭者の氏名	番　地番 筆頭者の氏名

国籍を取得すべき事由	□ 昭和 40 年 1 月 1 日から昭和 59 年 12 月 31 日までの間に生まれた。 □ 日本国民であったことがない。 □ 出生のときに母が日本国民であった。 　母が □ 現に日本国民である。 　　　 □ 死亡の時に日本国民であった。 　　　　　　　（母が死亡した日　　　　年　　　月　　　日） □ 自己の責めに帰することのできない事由によって期間内に届け出ることができなかった。 〔　　　　　　　　　　　　　　　　　　　　　　　　　　　　　　　　　　〕

※国籍取得後の戸籍の編製に必要なため，下欄に書いてください（裏面の注意事項５に注意してください。）。

国籍取得後の名	
その他	国籍を取得しようとする者が □ 婚姻をしている。　（　　　年　　　月　　　日　　　と婚姻） □ 養子縁組をしている。（　　　年　　　月　　　日　　　と縁組） □ 認知している。　　（　　　年　　　月　　　日　　　を認知） □

（裏面）

届　出　人 署　　　名	

上記署名は自筆したものであり，届出人は写真等と相違ないことを確認した。
　　　　　　　　　　　　　　　　　　　　　　　　受付担当官

（届出人連絡先電話番号　　　　　　　　　　　　　　　　　）

注意事項
1　必ず届出人本人が出頭し，届出人本人であることを証するもの（在留カード，旅券等）を持参してください。
2　国籍取得の条件を備えていることを証する公的資料（出生証明書，母の戸籍謄本等）を添付し，それが外国語で書かれているときは，その日本語訳文も添付してください。
3　届出人の署名は，受付の際に自筆していただきますので，空欄のままにしておいてください。
4　□には，該当する事項の□内に√印を付けてください。
5　「国籍取得後の名」は，常用漢字表，戸籍法施行規則別表第二に掲げる漢字，ひらがな，カタカナで書いてください。
　　なお，国籍取得後の氏は，法律上当然に決まります。
6　この届出によって日本と外国の両方の国籍を有することとなった場合は，この届出の時から2年以内に，いずれかの国籍を選択しなければなりません（国籍法第14条）。
7　太枠の確認欄には記載しないでください。

付録第6号様式

国　籍　取　得　届

（昭和５９年改正法附則第６条第１項）

平成　　　年　　　月　　　日

法　務　大　臣　殿

国籍を取得しようとする

者の写真（届出の日前6か

月以内に撮影した5cm四方

の単身，無帽，正面，上半

身のもの）

　15歳未満の場合は，法定

代理人と一緒に撮影したもの

日本の国籍を取得したいので届出をします。　　　　　（平成　　年　　月　　日撮影）

日本国籍を取得しようとする者	（よみかた）	（氏）　　　　　　　　　　（名）			
	氏　名				
	国　籍		父母との続　柄		□ 男 □ 女
	生年月日	年　　　月　　　日			
	出生場所				
	住　所			番　地 番　　　　号	

国籍を取得しようとする者の父母	氏　名	父（氏）　　　　　（名）	母（氏）　　　　　（名）
	本　籍		
	外国人の場合は国籍	番　地 番 筆頭者の氏名	番　地 番 筆頭者の氏名

国籍を取得すべき事由	□ 父 □ 母　が昭和59年改正法附則第5条第1項の届出により日本の国籍を取得した。 　　　（父又は母が日本の国籍を取得した日　　　　　年　　　月　　　日） □ 日本国民であったことがない。 □ 父 □ 母　が養親ではなく，出生後に認知した者ではない。 □ 自己の責めに帰することのできない事由によって期間内に届け出ることができなかった。

※国籍取得後の戸籍の編製に必要なため，下欄に書いてください（裏面の注意事項6に注意してください。）。

国籍取得後の名	
その他	国籍を取得しようとする者が □ 婚姻をしている。　　　（　　　年　　　月　　　日　　　と婚姻） □ 養子縁組をしている。　（　　年年　　　月　　　日　　　と縁組） □ 認知している。　　　　（　　　年　　　月　　　日　　　を認知） □ 認知されている。　　　（　　　年　　　月　　　日　　　から認知） □

（裏面）

届 出 人署 名	

※国籍を取得しようとする者が15歳未満のときは，下欄に書いてください。

法 定 代 理 人の 資 格	親権者（ □ 父 □ 母 □ 養父 □ 養母 ）	□ 後見人
署 名		
住 所	--------------------	--------------------
	番地 番 号	番地 番 号

上記署名は自筆したものであり，届出人は写真等と相違ないことを確認した。 受付担当官

（届出人連絡先電話番号　　　　　　　　　　　　　　）

注意事項
1　必ず届出人本人が出頭し，届出人本人であることを証するもの（在留カード，旅券等）を持参してください。
2　国籍取得の条件を備えていることを証する公的資料（出生証明書，父母の戸籍謄本等）を添付し，それが外国語で書かれているときは，その日本語訳文も添付してください。
3　届出人が国籍を取得しようとする者の法定代理人である場合は，その資格を証する公的資料を添付してください。
4　届出人または法定代理人の署名は，受付の際に自筆していただきますので，空欄のままにしておいてください。
5　□には，該当する事項の□内に√印を付けてください。
6　「国籍取得後の名」は，常用漢字表，戸籍法施行規則別表第二に掲げる漢字，ひらがな，カタカナで書いてください。
　　なお，国籍取得後の氏は，法律上当然に決まります。
7　この届出によって日本と外国の両方の国籍を有することとなった場合は，この届出の時に20歳未満であるときは22歳に達するまでに，この届出の時に20歳以上であるときはこの届出の時から2年以内に，いずれかの国籍を選択しなければなりません（国籍法第14条）。
8　太枠の確認欄には記載しないでください。

付録第7号様式

国 籍 取 得 届
（平成20年改正法附則第2条第1項）

平成　　年　　月　　日

法 務 大 臣 殿

日本の国籍を取得したいので届出をします。　　　　　（平成　　年　　月　　日撮影）

日本国籍を取得しようとする者	（よみかた）	（氏）　　　　　　　　　　　（名）		
	氏　名			
	国　籍		父母との続柄	□ 男　□ 女
	生年月日	年　　月　　日		
	出生場所			
	住　所		番　地番　　　　号	

国籍を取得しようとする者の父母	氏　名	父（氏）　　　　　（名）	母（氏）　　　　　（名）
	本　籍		
	外国人の場合は国　籍	番　地番筆頭者の氏名	番　地番筆頭者の氏名

国籍を取得すべき事由	□ 昭和60年1月1日から平成20年6月4日までに法務大臣に日本の国籍を取得する旨を届け出た。（届出日　　　年　　月　　日）（届出先　　　　　　　　　） □ 上記届出の時までに父が認知をした。（父が認知をした日　　年　　月　　日） □ 上記届出の時に20歳未満であった。 □ 日本国民であったことがない。 □ 認知をした父が子の出生の時に日本国民であった。 認知をした父が □ 上記届出の時に日本国民であった。 　　　　　　　　□ 上記届出前に死亡していたときはその時に日本国民であった。（死亡した日　　年　　月　　日） □ 自己の責めに帰することのできない事由によって期間内に届け出ることができなかった。

※国籍取得後の戸籍の編製に必要なため，下欄に書いてください（裏面の注意事項6から8に注意してください。）。

国籍取得後の本　籍		父母婚姻の有無	□ 有　□ 無
国籍取得後の氏　名	（氏）　　　　　　　（名）		

その他	国籍を取得しようとする者が □ 婚姻をしている。（　　　年　　月　　日　　　と婚姻） □ 養子縁組をしている。（　　年　　月　　日　　と縁組） □ 認知している。（　　　年　　月　　日　　を認知） □

（裏面）

届 出 人 署 名	

※国籍を取得しようとする者が15歳未満のときは，下欄に書いてください。

法定代理人 の　資格	親権者（□父　　□母 　　　　　□養父　□養母）	□後見人
署　　名		
住　　所	------番地 番　　　号	------番地 番　　　号

上記署名は自筆したものであり，届出人は写真等と相違ないことを確認した。
受付担当官

（届出人連絡先電話番号　　　　　　　　　　　　　　　　　）

注意事項
1　必ず届出人本人が出頭し，届出人本人であることを証するもの（在留カード，旅券等）を持参してください。
2　国籍取得の条件を備えていることを証する公的資料（出生証明書，父の戸籍謄本等）を添付し，それが外国語で書かれているときは，その日本語訳文も添付してください。
3　届出人が国籍を取得しようとする者の法定代理人である場合は，その資格を証する公的資料を添付してください。
4　届出人または法定代理人の署名は，受付の際に自筆していただきますので，空欄のままにしておいてください。
5　□には，該当する事項の□内に√印を付けてください。
6　「国籍取得後の本籍」には，土地の地番あるいは住居表示が使用できます。ただし，住居表示番号の場合は「○丁目○番」（※○号は記載できません）と記載してください。なお，実在しない町名，地番などは使用できませんので，分からない場合は，本籍としたい市区町村に確認してください。
　　また，①日本人と婚姻している場合は戸籍法上の届出（戸籍法第102条）において本籍を記載していただくため，②父母が婚姻している場合（婚姻していた場合）または日本人と養子縁組している場合は国籍取得後の本籍は法律上当然に決まりますので，①②の場合とも本籍を記載する必要はありません。母の戸籍に入る場合はその旨記載してください。
7　「父母婚姻の有無」欄の「有」には，父母が婚姻していた場合も含まれます。
8　「国籍取得後の氏名」のうち「名」は，常用漢字表，戸籍法施行規則別表第二に掲げる漢字，ひらがな，カタカナで書いてください。
　　なお，氏については，その他の正しい日本文字も使用することができますが，①日本人と婚姻している場合は戸籍法上の届出（戸籍法第102条）において記載していただくため，②父母が婚姻している場合（婚姻していた場合）または日本人と養子縁組している場合は法律上当然に決まるため，③母の戸籍に入る場合は母と同一の氏を称するため，①②③の場合は記載する必要はありません。
9　この届出によって日本と外国の両方の国籍を有することとなった場合は，この届出の時に20歳未満であるときは22歳に達するまでに，この届出の時に20歳以上であるときはこの届出の時から2年以内に，いずれかの国籍を選択しなければなりません（国籍法第14条）。
10　太枠の確認欄には記載しないでください。

事実に反する内容で届出をした場合は，刑罰に処せられることがあります。

256

付録第8号様式

国 籍 取 得 届

（平 成 2 0 年 改 正 法 附 則 第 4 条 第 1 項）

平成　　年　　月　　日

法 務 大 臣 殿

┌─────────────────────────┐
│ 国籍を取得しようとする │
│ 者の写真（届出の日前6か │
│ 月以内に撮影した5cm四方 │
│ の単身，無帽，正面，上半 │
│ 身のもの） │
│ 　15歳未満の場合は，法定 │
│ 代理人と一緒に撮影したもの │
└─────────────────────────┘

日 本 の 国 籍 を 取 得 し た い の で 届 出 を し ま す 。　　　　　　（平成　　年　　月　　日撮影）

日本国籍を取得しようとする者	（よみかた）	（氏）　　　　　　　　　　　　　　（名）		
	氏　名			
	国　籍		父 母 と の 続　柄	□ 男 □ 女
	生年月日	年　　　月　　　日		
	出生場所			
	住　所		番　地 番　　　　号	

国籍を取得しようとする者の父母	氏　名	父（氏）　　　　　　（名）	母（氏）　　　　　　（名）
	本　籍		
	外国人の場合は国　籍	番　地 番 筆頭者の氏名	番　地 番 筆頭者の氏名

国籍を取得すべき事由	□ 20歳になるまでの間で，かつ，平成20年12月31日までに父に認知された。 　（父が認知をした日　　　年　　　月　　　日） □ 昭和58年1月2日から平成3年12月31日までに生まれた者で，20歳を超えている。 □ 日本国民であったことがない。 □ 認知をした父が，子の出生の時に日本国民であり，平成15年1月1 　日又は認知の日のいずれか遅い日から平成20年12月31日までの間の 　うち子が20歳未満の時にも日本国民であった。 　認知をした父が □現に日本国民である。 　　　　　　　　□死亡の時に日本国民であった。 　　　　　（死亡した日　　　年　　　月　　　日） □自己の責めに帰することのできない事由によって期間内に届け出ることができなかった。 （　　　　　　　　　　　　　　　　　　　　　　　　　　　　　）

※国籍取得後の戸籍の編製に必要なため，下欄に書いてください（裏面の注
意事項5から7に注意してください。）。

国籍取得後の本籍		父母婚姻の有無	□ 有 □ 無
国籍取得後の氏名	（氏）　　　　　　　　　　　　（名）		
その他	国籍を取得しようとする者が □ 婚姻をしている。　（　　　年　　　月　　　日　　　と 婚姻） □ 養子縁組をしている。（　　　年　　　月　　　日　　　とと縁組） □ 認知している。　　（　　　年　　　月　　　日　　　を 認知） □			

257

（裏面）

届　出　人 署　　　名	

上記署名は自筆したものであり，届出人は写真等と相違ないことを確認した。
受付担当官

（届出人連絡先電話番号　　　　　　　　　　　　　　　　）

注意事項
1　必ず届出人本人が出頭し，届出人本人であることを証するもの（在留カード，旅券等）を持参してください。
2　国籍取得の条件を備えていることを証する公的資料（出生証明書，父の戸籍謄本，父母の渡航履歴を証する資料等）及び父母の申述書を添付し，それが外国語で書かれているときは，その日本語訳文も添付してください。
3　届出人の署名は，受付の際に自筆していただきますので，空欄のままにしておいてください。
4　□には，該当する事項の□内に√印を付けてください。
5　「国籍取得後の本籍」には，土地の地番あるいは住居表示が使用できます。ただし，住居表示番号の場合は「○丁目○番」（※○号は記載できません）と記載してください。なお，実在しない町名，地番などは使用できませんので，分からない場合は，本籍としたい市区町村に確認してください。
　　また，①日本人と婚姻している場合は戸籍法上の届出（戸籍法第102条）において本籍を記載していただくため，②父母が婚姻している場合（婚姻していた場合）または日本人と養子縁組している場合は国籍取得後の本籍は法律上当然に決まりますので，①②の場合とも本籍を記載する必要はありません。母の戸籍に入る場合はその旨記載してください。
6　「父母婚姻の有無」欄の「有」には，父母が婚姻していた場合も含まれます。
7　「国籍取得後の氏名」のうち「名」は，常用漢字表，戸籍法施行規則別表第二に掲げる漢字，ひらがな，カタカナで書いてください。
　　なお，氏については，その他の正しい日本文字も使用することができますが，①日本人と婚姻している場合は戸籍法上の届出（戸籍法第102条）において記載していただくため，②父母が婚姻している場合（婚姻していた場合）または日本人と養子縁組している場合は法律上当然に決まるため，③母の戸籍に入る場合は母と同一の氏を称するため，①②③の場合は記載する必要はありません。
8　この届出によって日本と外国の両方の国籍を有することとなった場合は，この届出の時から2年以内に，いずれかの国籍を選択しなければなりません（国籍法第14条）。
9　太枠の確認欄には記載しないでください。

事実に反する内容で届出をした場合は，刑罰に処せられることがあります。

付録第9号様式

国　籍　取　得　届

（平成20年改正法附則第5条第1項）

平成　　年　　月　　日

法　務　大　臣　殿

┌─────────────────────────┐
│　国籍を取得しようとする　│
│者の写真（届出の日前6か　│
│月以内に撮影した5cm四方　│
│の単身，無帽，正面，上半　│
│身のもの）　　　　　　　　│
│　15歳未満の場合は，法定　│
│代理人と一緒に撮影したもの│
└─────────────────────────┘

日本の国籍を取得したいので届出をします。　　　　　　　　　　（平成　年　月　日撮影）

日本国籍を取得しようとする者	（よみかた）	（氏）　　　　　　　　　　（名）			
	氏　　名				
	国　　籍		父母との続柄		□ 男 □ 女
	生年月日	年　　　　月　　　　日			
	出生場所				
	住　　所			番地番	号

国籍を取得しようとする者の父母	氏　　名	父（氏）　　　　　　（名）	母（氏）　　　　　　（名）
	本　　籍		
	外国人の場合は国籍	番地番 筆頭者の氏名	番地番 筆頭者の氏名

国籍を取得すべき事由	□ 父 □ 母 が平成20年改正法附則第2条第1項の届出により，平成21年1月1日以後に日本の国籍を取得した。 　　（父又は母が日本の国籍を取得した日　　　　年　　　月　　　日） □ 父又は母による従前の届出の時以後に出生した。 　　（父又は母による従前の届出の日　　　　年　　　月　　　日） 　　（父又は母による従前の届出の届出先　　　　　　　　　　　） □ 日本国民であったことがない。 □ 父 □ 母 が養親ではなく，出生後に認知した者ではない。 □ 自己の責めに帰することのできない事由によって期間内に届け出ることができなかった。 　┌──────────────────────────────────┐ 　└──────────────────────────────────┘

※国籍取得後の戸籍の編製に必要なため，下欄に書いてください（裏面の注意事項6に注意してください。）。

国籍取得後の氏名	
その他	国籍を取得しようとする者が □ 婚姻をしている。（　　　年　　月　　日　　　と婚姻） □ 養子縁組をしている。（　　　年　　月　　日　　　と縁組） □ 認知している。（　　　年　　月　　日　　　を認知） □

259

（裏面）

届　出　人 署　　　名	

※国籍を取得しようとする者が 15 歳未満のときは，下欄に書いてください。

法定代理人 の　資　格	親権者 （□父　　□母 □養父　□養母）　　　□後見人	
署　　　名		
住　　　所	・・・・・・・・・・・・・・ 番　地 番　　　号	・・・・・・・・・・・・・・ 番　地 番　　　号
上記署名は自筆したものであり，届出人は写真等と相違ないことを確認した。 　　　　　　　　　　　　　　　　　　　　　　受付担当官		

（届出人連絡先電話番号　　　　　　　　　　　　　　　　　　　　　）

注意事項
1　必ず届出人本人が出頭し，届出人本人であることを証するもの（在留カード，旅券等）を持参してください。
2　国籍取得の条件を備えていることを証する公的資料（出生証明書，父母の戸籍謄本等）を添付し，それが外国語で書かれているときは，その日本語訳文も添付してください。
3　届出人が国籍を取得しようとする者の法定代理人である場合は，その資格を証する公的資料を添付してください。
4　<u>届出人または法定代理人の署名は，受付の際に自筆していただきますので，空欄のままにしておいてください。</u>
5　□には，該当する事項の□内に√印を付けてください。
6　「国籍取得後の名」は，常用漢字表，戸籍法施行規則別表第二に掲げる漢字，ひらがな，カタカナで書いてください。
　　なお，国籍取得後の氏は，法律上当然に決まります。
7　この届出によって日本と外国の両方の国籍を有することとなった場合は，この届出の時に 20 歳未満であるときは 22 歳に達するまでに，この届出の時に 20 歳以上であるときはこの届出の時から 2 年以内に，いずれかの国籍を選択しなければなりません（国籍法第 14 条）。
8　太枠の確認欄には記載しないでください。

事実に反する内容で届出をした場合は，刑罰に処せられることがあります。

付録第10号様式

国　籍　取　得　届

（平成３０年改正法附則第１３条第１項）

年　　　月　　　日

法　務　大　臣　殿

> 国籍を取得しようとする
> 者の写真（届出の日前6か
> 月以内に撮影した5cm四方
> の単身、無帽、正面、上半
> 身のもの）

日本の国籍を取得したいので届出をします。　　　　（　　年　月　日撮影）

日本国籍を取得しようとする者	（よみかた）氏　名	（氏）　　　　　　　　　　　　　　　　（名）			
	国　籍		父母との続　柄	□ 男 □ 女	
	生年月日	年　　　　月　　　　日			
	出生場所				
	住　所			番地 番　　　　号	

国籍を取得しようとする者の父母	氏　名	父(氏)　　　　　(名)		母(氏)　　　　　(名)	
	本　籍				
	外国人の場合は国　籍	番地 番		番地 番	
		筆頭者の氏名		筆頭者の氏名	

国籍を取得すべき事由

□ 令和４年３月３１日までに父が認知をした。
　（父が認知をした日　　　　年　　　月　　　日）
□ 平成１４年４月２日から平成１８年４月１日までの間に生まれ、かつ、２０歳未満である。
□ 日本国民であったことがない。
□ 認知をした父が子の出生の時に日本国民であった。
認知をした父が □ 現に日本国民である。
　　　　　　　　□ 死亡の時に日本国民であった。
　　　　　　　　（死亡した日　　　　年　　　月　　　日）

※国籍取得後の戸籍の編製に必要なため、下欄に書いてください（裏面の注意事項５から７に注意してください。）。

国籍取得後の本　籍		父母婚姻の有無	□ 有 □ 無
国籍取得後の氏　名	（氏）　　　　　　　　　（名）		
その他	国籍を取得しようとする者が □ 婚姻をしている。（　　　年　月　日　　　　と婚姻） □ 養子縁組をしている。（　　年　月　日　　　　と縁組） □ 認知している。（　　　年　月　日　　　　を認知） □		

（裏面）

届　出　人 署　　　名	

上記署名は自筆したものであり、届出人は写真等と相違ないことを確認した。
受付担当官

（届出人連絡先電話番号　　　　　　　　　　　　　　　　）

注意事項
1　必ず届出人本人が出頭し、届出人本人であることを証するもの（在留カード、旅券等）を持参してください。
2　国籍取得の条件を備えていることを証する公的資料（出生証明書、父の戸籍謄本、父母の渡航履歴を証する資料等）及び父母の申述書を添付し、それが外国語で書かれているときは、その日本語訳文も添付してください。
3　届出人の署名は、受付の際に自筆していただきますので、空欄のままにしておいてください。
4　□には、該当する事項の□内に√印を付けてください。
5　「国籍取得後の本籍」には、土地の地番あるいは住居表示が使用できます。ただし、住居表示番号の場合は「○丁目○番」（※○号は記載できません）と記載してください。なお、実在しない町名、地番などは使用できませんので、分からない場合は、本籍としたい市区町村に確認してください。
　　また、①日本人と婚姻している場合は戸籍法上の届出（戸籍法第 102 条）において本籍を記載していただくため、②父母が婚姻している場合（婚姻していた場合）または日本人と養子縁組している場合は国籍取得後の本籍は法律上当然に決まりますので、①②の場合とも本籍を記載する必要はありません。母の戸籍に入る場合はその旨記載してください。
6　「父母婚姻の有無」欄の「有」には、父母が婚姻していた場合も含まれます。
7　「国籍取得後の氏名」のうち「名」は、常用漢字表、戸籍法施行規則別表第二に掲げる漢字、ひらがな、カタカナで書いてください。
　　なお、氏については、その他の正しい日本文字も使用することができますが、①日本人と婚姻している場合は戸籍法上の届出（戸籍法第 102 条）において記載していただくため、②父母が婚姻している場合（婚姻していた場合）または日本人と養子縁組している場合は法律上当然に決まるため、③母の戸籍に入る場合は母と同一の氏を称するため、①②③の場合は記載する必要はありません。
8　この届出によって日本と外国の両方の国籍を有することとなった者で届出日に 16 歳以上 18 歳未満のものは 20 歳に達するまでに、18 歳以上 20 歳未満のものは届出日から 2 年以内にいずれかの国籍を選択しなければなりません（国籍法第 14 条）。
9　太枠の確認欄には記載しないでください。

事実に反する内容で届出をした場合は、刑罰に処せられることがあります。

262

付録第11号様式

国　籍　取　得　届

（平成３０年改正法附則第１３条第４項）

　　　年　　月　　日

法　務　大　臣　殿

国籍を取得しようとする

者の写真（届出の日前6か

月以内に撮影した5cm四方

の単身、無帽、正面、上半

身のもの）

日本の国籍を取得したいので届出をします。　　　　　　　　　（　　年　　月　　日撮影）

日本国籍を取得しようとする者	（よみかた）	（氏）　　　　　　　　　　　　　　　　（名）				
	氏　名					
	国　籍			父母との続柄		□ 男 □ 女
	生年月日	年　　　月　　　日				
	出生場所					
	住　所				番　地 番　　　　　号	

国籍を取得しようとする者の父母	氏　名	父（氏）　　　　　　（名）	母（氏）　　　　　　（名）
	本　籍		
	外国人の場合は国籍	番　地 番 筆頭者の氏名	番　地 番 筆頭者の氏名

国籍を取得すべき事由	□ 国籍留保の届出をしなかったため日本の国籍を失った。 □ 平成１４年４月２日から平成１８年４月１日までに生まれ、かつ、 　　２０歳未満である。 □ 日本に住所を有する。

※国籍取得後の戸籍の編製に必要なため、下欄に書いてください（裏面の注
　意事項5に注意してください。）。

国籍取得後の名	
その他	国籍を取得しようとする者が □ 婚姻をしている。　　（　　年　　月　　日　　　　　と婚姻） □ 養子縁組をしている。（　　年　　月　　日　　　　　と縁組） □ 認知している。　　　（　　年　　月　　日　　　　　を認知） □ 認知されている　　　（　　年　　月　　日　　　　から認知） □

（裏面）

届 出 人署　　名	
上記署名は自筆したものであり、届出人は写真等と相違ないことを確認した。 　　　　　　　　　　　　　　　　　　　　　　受付担当官	

（届出人連絡先電話番号　　　　　　　　　　　　　　　　　　　）

注意事項
1　必ず届出人本人が出頭し、届出人本人であることを証するもの（在留カード、旅券等）を持参してください。
2　国籍取得の条件を備えていることを証する公的資料（出生証明書、父の戸籍謄本、国籍、在留資格、在留期間及び在留期間の満了日について記載のある住民票の写し等）を添付し、それが外国語で書かれているときは、その日本語訳文も添付してください。
3　届出人の署名は、受付の際に自筆していただきますので、空欄のままにしておいてください。
4　□には、該当する事項の□内に√印を付けてください。
5　「国籍取得後の名」は、常用漢字表、戸籍法施行規則別表第二に掲げる漢字、ひらがな、カタカナで書いてください。
　　なお、国籍取得後の氏は、法律上当然に決まります。
6　この届出によって日本と外国の両方の国籍を有することとなった者で届出日に 16 歳以上 18 歳未満のものは 20 歳に達するまでに、18 歳以上 20 歳未満のものは届出日から 2 年以内にいずれかの国籍を選択しなければなりません（国籍法第 14 条）。
7　太枠の確認欄には記載しないでください。

264

在留資格一覧表

別表第一「活動資格」
一の表（就労資格）

在留資格	本邦において行うことができる活動	該当例	在留期間
外交	日本国政府が接受する外国政府の外交使節団若しくは領事機関の構成員、条約若しくは国際慣行により外交使節と同様の特権及び免除を受ける者又はこれらの者と同一の世帯に属する家族の構成員としての活動	外国政府の大使、公使、総領事、代表団構成員等及びその家族	外交活動の期間
公用	日本国政府の承認した外国政府若しくは国際機関の公務に従事する者又はその者と同一の世帯に属する家族の構成員としての活動（この表の外交の項に掲げる活動を除く。）	外国政府の大使館・領事館の職員、国際機関等から公の用務で派遣される者等及びその家族	5年、3年、1年、3月、30日又は15日
教授	本邦の大学若しくはこれに準ずる機関又は高等専門学校において研究、研究の指導又は教育をする活動	大学教授等	5年、3年、1年又は3月
芸術	収入を伴う音楽、美術、文学その他の芸術上の活動（二の表の興行の項に掲げる活動を除く。）	作曲家、画家、著述家等	5年、3年、1年又は3月
宗教	外国の宗教団体により本邦に派遣された宗教家の行う布教その他の宗教上の活動	外国の宗教団体から派遣される宣教師等	5年、3年、1年又は3月
報道	外国の報道機関との契約に基づいて行う取材その他の報道上の活動	外国の報道機関の記者、カメラマン	5年、3年、1年又は3月

二の表（就労資格、上陸許可基準の適用あり）

在留資格	本邦において行うことができる活動	該当例	在留期間
高度専門職	1号 　高度の専門的な能力を有する人材として法務省令で定める基準に適合する者が行う次のイからハまでのいずれかに該当する活動であつて、我が国の学術研究又は経済の発展に寄与することが見込まれるもの 　イ　法務大臣が指定する本邦の公私の機関との契約に基づいて研究、研究の指導若しくは教育をする活動又は当該活動と併せて当該活動と関連する事業を自ら経営し若しくは当該機関以外の本邦の公私の機関との契約に基づいて研究、研究の指導若しくは教育をする活動 　ロ　法務大臣が指定する本邦の公私の機関との契約に基づいて自然科学若しくは人文科学の分野	就労資格の決定の対象となる範囲の外国人で、学歴・職歴・年収等の項目ごとにポイントを付け、その合計が一定点数（70点）以上に達した者 （例）外国の大学で修士号（経営管理に関する	1号については5年、2号については無期限

に属する知識若しくは技術を要する業務に従事する活動又は当該活動と併せて当該活動と関連する事業を自ら経営する活動
ハ　法務大臣が指定する本邦の公私の機関において貿易その他の事業の経営を行い若しくは当該事業の管理に従事する活動又は当該活動と併せて当該活動と関連する事業を自ら経営する活動

2号　前号に掲げる活動を行つた者であつて、その在留が我が国の利益に資するものとして法務省令で定める基準に適合するものが行う次に掲げる活動
イ　本邦の公私の機関との契約に基づいて研究、研究の指導又は教育をする活動
ロ　本邦の公私の機関との契約に基づいて自然科学又は人文科学の分野に属する知識又は技術を要する業務に従事する活動
ハ　本邦の公私の機関において貿易その他の事業の経営を行い又は当該事業の管理に従事する活動
ニ　イからハまでのいずれかの活動と併せて行う一の表の教授の項から報道の項までに掲げる活動又はこの表の法律・会計業務の項、医療の項、教育の項、技術・人文知識・国際業務の項、介護の項、興行の項、技能の項若しくは特定技能の項の第2号に掲げる活動（イからハまでのいずれかに該当する活動を除く。）

（右欄続き）専門職学位（MBA））を取得（25点）し、IT関連で7年の職歴（15点）がある30歳(10点)の者が、年収600万円（20点）で、経営支援ソフトの開発業務に従事する場合

経営・管理	本邦において貿易その他の事業の経営を行い又は当該事業の管理に従事する活動（この表の法律・会計業務の項に掲げる資格を有しなければ法律上行うことができないこととされている事業の経営又は管理に従事する活動を除く。）	企業等の経営者・管理者	5年、3年、1年、6月、4月又は3月
法律・会計業務	外国法事務弁護士、外国公認会計士その他法律上資格を有する者が行うこととされている法律又は会計に係る業務に従事する活動	弁護士、公認会計士等	5年、3年、1年又は3月
医療	医師、歯科医師その他法律上資格を有する者が行うこととされている医療に係る業務に従事する活動	医師、歯科医師、看護師	5年、3年、1年又は3月
研究	本邦の公私の機関との契約に基づいて研究を行う業務に従事する活動（一の表の教授の項に掲げる活動を除く。）	政府関係機関や私企業等の研究者	5年、3年、1年又は3月
教育	本邦の小学校、中学校、義務教育学校、高等学校、中等教育学校、特別支援学校、専修学校又は各種学校若しくは設備及び編制に関してこれに準ずる教育機関において語学教育その他の教育をする活動	中学校・高等学校等の語学教師等	5年、3年、1年又は3月

技術・人文知識・国際業務	本邦の公私の機関との契約に基づいて行う理学、工学その他の自然科学の分野若しくは法律学、経済学、社会学その他の人文科学の分野に属する技術若しくは知識を要する業務又は外国の文化に基盤を有する思考若しくは感受性を必要とする業務に従事する活動（一の表の教授の項、芸術の項及び報道の項に掲げる活動並びにこの表の経営・管理の項から教育の項まで及び企業内転勤の項から興行の項までに掲げる活動を除く。）	機械工学等の技術者、通訳、デザイナー、私企業の語学教師、マーケティング業務従事者等	5年、3年、1年又は3月
企業内転勤	本邦に本店、支店その他の事業所のある公私の機関の外国にある事業所の職員が本邦にある事業所に期間を定めて転勤して当該事業所において行うこの表の技術・人文知識・国際業務の項に掲げる活動	外国の事業所からの転勤者	5年、3年、1年又は3月
介護	本邦の公私の機関との契約に基づいて介護福祉士の資格を有する者が介護又は介護の指導を行う業務に従事する活動	介護福祉士	5年、3年、1年又は3月
興行	演劇、演芸、演奏、スポーツ等の興行に係る活動又はその他の芸能活動（この表の経営・管理の項に掲げる活動を除く。）	俳優、歌手、ダンサー、プロスポーツ選手等	3年、1年、6月、3月又は15日
技能	本邦の公私の機関との契約に基づいて行う産業上の特殊な分野に属する熟練した技能を要する業務に従事する活動	外国料理の調理師、スポーツ指導者、航空機の操縦者、貴金属等の加工職人等	5年、3年、1年又は3月
特定技能	1号 　法務大臣が指定する本邦の公私の機関との雇用に関する契約（第2条の5第1項から第4項までの規定に適合するものに限る。次号において同じ。）に基づいて行う特定産業分野（人材を確保することが困難な状況にあるため外国人により不足する人材の確保を図るべき産業上の分野として法務省令で定めるものをいう。同号において同じ。）であつて法務大臣が指定するものに属する法務省令で定める相当程度の知識又は経験を必要とする技能を要する業務に従事する活動 2号 　法務大臣が指定する本邦の公私の機関との雇用に関する契約に基づいて行う特定産業分野であつて法務大臣が指定するものに属する法務省令で定める熟練した技能を要する業務に従事する活動	1号 特定産業分野に属する相当程度の知識又は経験を要する技能を要する業務に従事する外国人 2号 特定産業分野に属する熟練した技能を要する業務に従事する外国人	1号 1年、6月又は4月 2号 3年、1年又は6月
技能実習	1号 　次のイ又はロのいずれかに該当する活動 イ　外国人の技能実習の適正な実施及び技能実習生の保護に関する法律（平成28年法律第89号。	技能実習生	1号 法務大臣が個々に指定する期間（1年を超えな

267

以下「技能実習法」という。）第8条第1項の
認定（技能実習法第11条第1項の規定による変
更の認定があったときは、その変更後のもの。
以下同じ。）を受けた技能実習法第8条第1項
に規定する技能実習計画（技能実習法第2条第
2項第1号に規定する第1号企業単独型技能実
習に係るものに限る。）に基づいて、講習を受
け、及び技能、技術又は知識（以下「技能等」
という。）に係る業務に従事する活動
ロ　技能実習法第8条第1項の認定を受けた同項
　に規定する技能実習計画（技能実習法第2条第
　4項第1号に規定する第1号団体監理型技能実
　習に係るものに限る。）に基づいて、講習を受
　け、及び技能等に係る業務に従事する活動
2号
　次のイ又はロのいずれかに該当する活動
イ　技能実習法第8条第1項の認定を受けた同項
　に規定する技能実習計画（技能実習法第2条第
　2項第2号に規定する第2号企業単独型技能実
　習に係るものに限る。）に基づいて技能等を要
　する業務に従事する活動
ロ　技能実習法第8条第1項の認定を受けた同項
　に規定する技能実習計画（技能実習法第2条第
　4項第2号に規定する第2号団体監理型技能実
　習に係るものに限る。）に基づいて技能等を要
　する業務に従事する活動
3号
　次のイ又はロのいずれかに該当する活動
イ　技能実習法第8条第1項の認定を受けた同項
　に規定する技能実習計画（技能実習法第2条第
　2項第3号に規定する第3号企業単独型技能実
　習に係るものに限る。）に基づいて技能等を要
　する業務に従事する活動
ロ　技能実習法第8条第1項の認定を受けた同項
　に規定する技能実習計画（技能実習法第2条第
　4項第3号に規定する第3号団体監理型技能実
　習に係るものに限る。）に基づいて技能等を要
　する業務に従事する活動

い範囲）

2号及び3号
法務大臣が個々
に指定する期間
（2年を超えな
い範囲）

三の表（非就労資格）

在留資格	本邦において行うことができる活動	該当例	在留期間
文化活動	収入を伴わない学術上若しくは芸術上の活動又は我が国特有の文化若しくは技芸について専門的な研究を行い若しくは専門家の指導を受けてこれを修得する活動（四の表の留学の項及び研修の項に掲げる活動を除く。）	日本文化の研究者等	3年、1年、6月又は3月

短期滞在	本邦に短期間滞在して行う観光、保養、スポーツ、親族の訪問、見学、講習又は会合への参加、業務連絡その他これらに類似する活動	観光客、会議参加者等	90日、30日又は15日以内の日を単位とする期間

四の表（非就労資格、上陸許可基準の適用あり）

在留資格	本邦において行うことができる活動	該当例	在留期間
留学	本邦の大学、高等専門学校、高等学校（中等教育学校の後期課程を含む。）若しくは特別支援学校の高等部、中学校（義務教育学校の後期課程及び中等教育学校の前期課程を含む。）若しくは特別支援学校の中学部、小学校（義務教育学校の前期課程を含む。）若しくは特別支援学校の小学部、専修学校若しくは各種学校又は設備及び編制に関してこれらに準ずる機関において教育を受ける活動	大学、短期大学、高等専門学校、高等学校、中学校及び小学校等の学生又は生徒	4年3月を超えない範囲内で法務大臣が個々の外国人について指定する期間
研修	本邦の公私の機関により受け入れられて行う技能等の修得をする活動（二の表の技能実習の項の第1号及びこの表の留学の項に掲げる活動を除く。）	研修生	1年、6月又は3月
家族滞在	一の表、二の表又は三の表の在留資格（外交、公用、特定技能（二の表の特定技能の項の第1号に係るものに限る。）、技能実習及び短期滞在を除く。）をもつて在留する者又はこの表の留学の在留資格をもつて在留する者の扶養を受ける配偶者又は子として行う日常的な活動	在留外国人が扶養する配偶者・子	5年を超えない範囲内で法務大臣が個々の外国人について指定する期間

五の表

在留資格	本邦において行うことができる活動	該当例	在留期間
特定活動	法務大臣が個々の外国人について特に指定する活動	外交官等の家事使用人、ワーキング・ホリデー、経済連携協定に基づく外国人看護師・介護福祉士候補者等	5年、3年、1年、6月、3月又は法務大臣が個々に指定する期間（5年を超えない範囲）

別表第二「居住資格」（在留活動の制限なし）

在留資格	本邦において有する身分又は地位	該当例	在留期間
永住者	法務大臣が永住を認める者	法務大臣から永住の許可を受けた者（入管特例法の「特別永住者」を除く。）	無期限
日本人の配偶者等	日本人の配偶者若しくは特別養子又は日本人の子として出生した者	日本人の配偶者・子・特別養子	5年、3年、1年又は6月

永住者の配偶者等	永住者等の配偶者又は永住者等の子として本邦で出生しその後引き続き本邦に在留している者	永住者・特別永住者の配偶者及び本邦で出生し引き続き在留している子	5年、3年、1年又は6月
定住者	法務大臣が特別な理由を考慮し一定の在留期間を指定して居住を認める者	第三国定住難民、日系3世、中国残留邦人等	5年、3年、1年、6月又は法務大臣が個々に指定する期間（5年を超えない範囲）

（出典：出入国在留管理庁発行「出入国在留管理（2021年版）」）

18歳になったらチェックしよう♪
重国籍チェックシート

私は、日本国民である（戸籍に登載されている）。

↓ **はい**

私は、日本生まれである。 → **いいえ** → 私が生まれたのは、生地主義を採用する国（アメリカ、ブラジル、ペルーなど）である。 → **はい** →

↓ **はい**

私が生まれたとき、父又は母が外国の国籍を有していた。

いいえ → 私の親は、両系血統主義を採用する国（中国、韓国など）の国籍を有していた（出生後に認知された場合を除く。）。 → **はい** →

はい ↓

 いいえ

私の父は、父系血統主義を採用する国（クウェートなど）の国籍を有していた（出生後に認知された場合を除く。）。 → **はい** →

 いいえ

↓ **いいえ**

私は、認知された子に国籍を与える国（カナダなど）の国籍を有する父に認知された。 → **はい** →

 いいえ

私は、外国人の国籍を有する者と婚姻や養子縁組をしたことがある。

はい → 私は、配偶者に国籍を与える国（イランなど）の国籍を有する者と婚姻したことがある。 → **はい** →

 いいえ

↓ **いいえ**

 いいえ

私は、養子に国籍を与える国（イタリアなど）の国籍を有する者と縁組したことがある。 → **はい** →

あなたは、重国籍である可能性があります。

あなたが重国籍である可能性はないと思われます。

★ **重国籍である可能性のある方はこちらを御覧ください。**
『国籍を選ぼう〜重国籍の方へ〜』
https://www.moj.go.jp/MINJI/minji04_00069.html

※　外国が両系血統主義、父系血統主義、生地主義のいずれを採っているかについては、添付資料を参考にしていただくとともに、当該外国の本国政府又は在日公館にお尋ねください。

出生等による国籍取得に関する各国法制一覧

〔凡例〕

1 ※印を付した国は、最新の法令を調査中の国である。

2 「根拠法令」欄に「調査中」とあるのは、当該外国の国籍関係法令が不明なものである。

3 国名の配列は五十音順とした。なお、国名は正式名称により表記したが、必要に応じ略称等をカッコ書きで付記した。

4 生地主義……生地主義について○印を付した上、いわゆる条件付生地主義の場合は、カッコ書きで条件の主な内容を明示した。

   （注）いわゆる補充的生地主義については、これにより重国籍となる事例が乏しいため、記載を省略した。

5 血統主義……血統主義については、当該国内で出生した場合と当該国外で出生した場合とに分け、いわゆる父母両系主義は「両系」と、父系主義は「父系」とそれぞれ略記し、出生登録、居住等の条件が付されている場合は「☆両系」のように☆印を肩書した。

   なお、条件の内容について確認できるものにつき表記した。

| 国　　　名 | 生地主義 | 血統主義 || 根拠法令（制定及び改正年月日）及び条件等 |
		国内で出生	国外で出生	
アイスランド共和国		両系	両系	国籍法（1998. 12. 23、1998. 6. 16改正）1条
アイルランド	○（両親が共にアイルランド国籍を有しない場合は、両親のうち少なくとも一方が子供の出生時に先立つ4年間のうち3年以上アイルランドに合法的に居住している場合に限る。）		☆両系	国籍及び市民権法（1956、1986、2001、2004改正）6条、7条 ☆両親の一方が国外で生まれたアイルランド人であるときは、登録によって取得。

272

※ アフガニスタン	○（一定の国内居住が必要）		父母がともにアフガニスタン人のとき取得	国籍法（1936. 11. 8）2条、3条、4条、5条
※ アメリカ合衆国	○		☆両系	移民及び国籍法（1952. 12. 24、1986. 10. 18改正）301条 ☆国外出生子の場合は両親の一方につき居住条件がある。
アラブ首長国連邦		父系	父系	国籍旅券法（1972、1975改正）2条
アルジェリア民主人民共和国		両系	両系	国籍法（2005. 2. 27）6条、7条
アルゼンチン共和国	○		☆両系	☆国籍法（1869. 10. 8法律第346号）1条 （新市民権法及び帰化法（1984年法第23059号）により、1869. 10. 8法第346号が復活）
※ アルバニア共和国		☆両系	☆両系	国籍法（1946. 12. 16）3条、4条 ☆国外出生子については居住要件、登録要件等の制限がある。
※ アンゴラ共和国		両系	両系	国籍法（1991. 5. 6）9条
アンティグア・バーブーダ	○（父母共に市民でないときは取得しない）		☆両系	憲法（1981. 7. 31）113条
イエメン共和国		父系	父系	国籍法（1990. 8. 26）3条
※ イスラエル国		両系	両系	国籍法（1952. 4. 1、1980改正）4条
イタリア共和国		両系	両系	国籍法（1992. 2. 5）1条、3条 未成年者の養子縁組及び養育付託に関する規程（1983. 5. 4）39条 （注）イタリア国籍の夫婦の養子となった外国籍の未成年者は、イタリア国籍を当然に取得する。
※ イラク共和国		父系	父系	国籍法（1963）4条

国名		生地主義	父母両系/父系	根拠法令等
イラン・イスラム共和国		両系	両系	民法典（1935．2．16、1991．11、2019改正）976条 （注）イラン人男性と婚姻した外国人女性は、イラン国籍を取得する（ただし、イスラム方式により婚姻した場合に限る。）。
インド		両系	☆両系	市民権法（1955、1986、1992改正、1992．12．10発効）3条、4条 ☆国外において出生した場合につき、1950年1月26日から1992年12月9日までの間に出生した者は父系、1992年12月10日以降出生した者は両系だが、領事館に出生登録を一定期限内にすること等の条件がある。
インドネシア共和国		両系	両系	国籍法（2006．8．1）4条
ウガンダ共和国				（調査中）
※ ウクライナ	○（外国人を親として出生した場合等は条件付）	両系	両系	市民権法（1991、1997、2001、2005改正）7条
ウルグアイ東方共和国	○		☆両系	憲法（1966．8．24）74条 ☆国内に定住し市民登録をすると生来の市民となる。
グレート・ブリテン及び北アイルランド連合王国（英国）	○（父母の一方が市民権を有するか又は国内定住していること。）		☆両系	国籍法（1981．10．30）1条、2条 ☆父又は母が(1)血統以外の事由による英国市民であること、(2)政府が指定する種別の職務に従事していること等の条件がある。
エクアドル共和国	○		☆両系	憲法（1978．8．10、1984．6．12改正）6条 ☆出生子につき居住要件、意思表示等の条件がある。
エジプト・アラブ共和国（エジプト）		両系	両系	国籍法（1975、2004改正）2条
エチオピア連邦民主共和国		両系	両系	国籍法（1930．7．22）1条
エルサルバドル共和国	○		両系	憲法（1983．12．16）90条
オーストラリア連邦	○（父母の一方が市民権を有するか又は永住権者であること）		☆両系	市民権法10条、10条B（1948、1994、2002．4．4改正） ☆国外で出生の場合、出生後25年以内に登録を要する。

274

オーストリア共和国		両系	両系	公民権法（1965．7．15、1998改正）7条、8条
オマーン国		父系	父系	国籍法（1983．1．12、1994．9．12改正）1条
オランダ王国	○（出生の時に父又は母がオランダに主たる居住地を有していた場合において、その父又は母が、その出生時にオランダに主たる居住地を有していた母から生まれた子）	両系	両系	国籍法（1985．1．1、1993．2．25改正）3条
ガイアナ協同共和国	○		☆両系	憲法（1970、1980改正）43条、44条 ☆父又は母が生地主義に基づくガイアナ市民であることを要する。
カタール国		父系	父系	国籍法（1961、1973改正）2条
※ ガーナ共和国		両系	両系	国籍法（1971）1条
カナダ	○		両系	市民権法（1976．7．16、1993．2．1改正）3条 （注）1977年2月14日以後にカナダ国外で出生した者で、出生の時に父母のいずれかが（養父母の場合を除く）市民であった者は、カナダ市民権を取得する。
※ カーボヴェルデ共和国				（調査中）
ガボン共和国	○（父母の一方がガボン人であること）		両系	国籍法（1962．3．2、1967．6．5改正）9条
カメルーン共和国	○（父母の一方がカメルーン生まれであること）	両系	両系	国籍法（1968．6．11）6条、7条、11条
※ ガンビア共和国				（調査中）
カンボジア王国	○（合法的に居住していた父母から生まれた子）	両系	両系	国籍法（1996．8．20）4条

※ ギニア共和国 （ギニア）				（調査中）
※ ギニアビサウ共和国				（調査中）
※ キプロス共和国		父系	☆父系	市民権法（1967．7．28）4条 ☆出生後2年以内に登録する必要がある。
※ キューバ共和国	○		☆両系	憲法（1976．2．24）29条 ☆一定の手続等が必要とされる。
ギリシャ共和国		両系	両系	国籍法（1955．9．30、1984．5．8改正）1条
キリバス共和国	○（父がキリバス市民である等の場合は無条件、他は条件付）		父系	憲法（1980）25条
グアテマラ共和国	○		両系	憲法（1986．1．14）144条
クウェート国		父系	父系	国籍法（1959、1982改正）2条
グレナダ	○		両系	憲法（1973）96条、97条
ケニア共和国		両系	両系	憲法（1963．12、1982．7改正）89条
コスタリカ共和国	○（外国人を両親としてコスタリカで出生した場合、未成年者はいずれかの親が、25歳前の者は本人の意思により登録すると取得する）	両系	☆両系	憲法（1949．11．7、1995．6．6改正）13条 ☆国外で出生した場合、未成年者はコスタリカ人たる父又は母が、25歳前の者は本人の意思により登録すると取得する。
※ コートジボワール共和国		両系	両系	国籍法（1961．12．14、1972．12．21改正）6条、7条
※ コモロ・イスラム連邦共和国		両系	両系	国籍法（1979．12．12）11条
コロンビア共和国	○（父母の一方がコロンビア人又は国内に住所を有すること）		☆両系	憲法（1991．7．4改正）96条 ☆出生後コロンビア国内に住所を有するに至ること。国籍法（1993．2．1）1条
※ コンゴ共和国		両系	両系	国籍法（1961．6．20）7条、8条、9条
※ コンゴ民主共和国		両系	両系	国籍法（1981．6．29）5条

276

サウジアラビア王国		父系	父系	国籍令（1954. 9. 23）7条
※ サモア独立国	○		父系	市民権法（1972）4条、5条
※ サントメ・プリンシペ民主共和国			両系	憲法（1975. 12. 15）3条
ザンビア共和国		両系	両系	憲法（1996改正）5条
サンマリノ共和国		父系	父系	市民権法（1984. 3. 27）1条
※ シエラレオネ共和国				（調査中）
※ ジブチ共和国		両系	両系	国籍法（1981. 10. 24）8条
※ ジャマイカ	○		父系	憲法（1962）5条、6条
シリア・アラブ共和国（シリア）		父系	父系	国籍法（1969. 11. 24）3条
シンガポール共和国	○（父母共に市民でない者は取得しない）		☆両系	憲法（1963、1980、2004改正、2004. 5. 15施行）121条、122条 ☆出生後1年以内の登録条件や出生により外国籍を取得していない等の条件がある。
※ ジンバブエ共和国	○（父が市民でなく、かつ一時的在住者の子は取得しない）		☆父系	憲法（1976）5条、6条 ☆父又は母が血統以外の市民であり、かつ、出生登録すること。
スイス連邦		☆両系	☆両系	国籍法（1952. 9. 29、1990. 3. 23最終改正）1条 ☆母がスイス人夫との婚姻によりスイス国籍を取得した場合で、その母が外国人と婚姻して生まれた子は無国籍になるときを除き取得しない。（57条a）
スウェーデン王国		☆両系	☆両系（スウェーデン人父と外国人母が婚姻していない場合は除く。）	☆市民権法（1950. 6. 22、2001. 7. 1最終改正）1条

スーダン共和国		父系	父系	国籍法（1957、1994．5．17改正）5条
スペイン	○（両親が外国人の場合、少なくとも片親がスペイン領域内で出生した者）	両系	両系	民法（1889、1982、1990．12．17改正）17条
スリナム共和国		父系	父系	国籍及び在住権に関する法律（1975．11．24、1983．10．5改正）3条
※ スリランカ民主社会主義共和国		父系	☆父系	市民権法（1948．11．15、1955改正）5条 ☆出生後1年以内に登録する必要がある。
スロバキア共和国		両系	両系	スロヴァキア共和国市民権に関するスロヴァキア共和国評議会法（1993．2．15施行）5条
スロベニア共和国		両系	☆両系	市民権法（1994．3．10）3条、4条、5条、9条 ☆両親の一方がスロヴェニア共和国市民であり他の一方が外国人である、外国で出生した子は、18回目の誕生日の前にスロヴェニア市民として登録されたとき、または18歳となる前にスロヴェニア市民の親と帰国し現実に国内に常居所を取得したときに血統によりスロヴェニア市民権を取得する。
※ スワジランド王国				（調査中）
※ 赤道ギニア共和国				（調査中）
※ セーシェル共和国	○（父母の一方が市民でない者は取得しない）		両系	憲法（1979．3．26）10条、11条、13条
※ セネガル共和国		父系	父系	国籍法（1961．3．7）5条
※ セルビア・モンテネグロ		両系	☆両系	国籍法（1976．12．24）4条、5条 ☆18歳に達する前に登録する必要がある。

国名		出生	認知	根拠法
セントビンセント及びグレナディーン諸島	○	母系	不明	憲法（1979. 10. 27）91条 市民権法（1984. 5. 17）4条 父が交戦国の国民であって、その国の占領下にある場所で生まれた者はセントビンセント市民権を取得しない。ただし、この場合であっても、母がセントビンセント市民であれば、セントビンセント市民権を取得する。
セントクリストファー・ネーヴィス		両系	両系	憲法（1983年）90条
セントルシア			両系	憲法100条、101条
※ ソマリア民主共和国		父系	父系	市民権法（1962. 12. 22）2条
ソロモン諸島		両系	両系	憲（1978. 7. 7）22条
タイ王国		両系	両系	国籍法（1992. 2. 26、2008. 2. 19（2008. 2. 28施行））7条、7条の2、8条
大韓民国 （韓国）		両系	両系	国籍法（1948. 12. 20、1997. 12. 13改正）2条
タンザニア連合共和国 （旧、タンガニイカ）	○		父系	市民権法（1961、1970. 7. 25改正）3条、4条
チェコ共和国		両系	両系	市民権の取得及び喪失に関する法律（1992. 12. 29、1995. 6. 28改正）3条
※ チャド共和国		父系	父系	国籍法（1961. 2）8条
中央アフリカ共和国	○（父母共に国民でない者は取得しない）		両系	国籍法（1961. 5. 27）6条、7条、8条
中華人民共和国 （中国）		両系	☆両系	国籍法（1980. 9. 10）4条、5条 ☆父母の双方もしくは一方が中国公民で、かつ外国に住所を有し本人が生まれたときに外国籍を取得した者は中国籍を有しない。
チュニジア共和国		両系	父系	国籍法（1963. 2. 28、1975. 11. 14改正）6条、7条

チリ共和国	○（一時的在住者の子は取得しない）		☆両系	憲法（1973、1980改正）10条 ☆チリ人の父又は母の子として外国で生まれた者であって、チリに1年以上定住した事実がある者でなければ取得しない。
ツバル		両系	☆両系	憲法（1978．10．1発効、1990改正）45条
デンマーク王国		両系	両系	市民権法（1950．5．27、1991．6．17改正）1条
ドイツ連邦共和国	○（父母が外国人でその一方が8年以上ドイツに常居し、無期限の滞在権を有しているとき）	両系	☆両系	国籍に関する法律（1913．7．22、1999．7．15改正まで）4条 ☆ドイツ人である父母の一方が、1999年12月31日より後に国外で出生し、かつ国外に常居所を有する場合は、子は無国籍となると見込まれるときを除き、国外で出生した子はドイツ国籍を取得しない。ただし、ドイツ人である父母の一方が1年以内に在外公館に届け出たときはドイツ国籍を取得する。
※ トーゴ共和国		両系	両系	国籍法（1961．7．25）5条、6条
※ ドミニカ国				（調査中）
ドミニカ共和国	○（国内を通過中の外国人の子を除く）		☆両系	憲法（1947．1．10、1966改正）11条 ☆外国籍を取得しない場合に限られる。外国籍を取得したときは18歳に達した後、ドミニカ国籍を選択できる。
トリニダード・トバゴ共和国	○		☆両系	憲法（1976）17条 ☆両親の一方が血統以外の理由による市民であること等の条件がある。
トルコ共和国		両系	両系	国籍法（1964．2．1、1981．2．13改正）1条
トンガ王国		両系	両系	国籍及び帰化に関する法律（1915．11．20、1961改正、2007．8．14改正）2条
※ ナイジェリア連邦共和国		両系	両系	憲法（1979．10．1）23条

※ ナウル共和国		両系	父母が共にナウル市民のとき取得	憲法（1968．1．31）72条 ナウル社会勅令（1965）4条
ニカラグア共和国	○		両系	国籍法（1981．11．12）2条
※ ニジェール共和国				（調査中）
ニュージーランド	○（2006．1．1以降に生まれ、その者の両親の一方がニュージーランド市民であるか移民法（1987）により無期限に滞在できる場合に限る。		☆両系	市民権法（1977、2005改正）6条、7条 ☆出生の時に父又は母が血統によるニュージーランド市民以外の市民である場合に限る。
ネパール		父系	父系	市民権法（1964．2．28、1992．4．20改正）3条
ノルウェー王国		両系	両系	国籍法（2005．6．10、2018．6．15改正）4条
※ ハイチ共和国		父系	父系	憲法（1964）4条 国籍得喪に関する政令（1974）2条
パキスタン・イスラム共和国	○		☆父系	市民権法（1951、1978改正まで）4条、5条 ☆出生登録をする必要がある。
バチカン市国	住民は聖職者とスイス衛兵のみであり国籍の得喪に関する問題は生じない。			
パナマ共和国	○		☆両系	憲法（1972．10．2）9条 ☆パナマに住所を有する者でなければならない。
バヌアツ共和国				市民権が当然に付与される者は、バヌアツ原住民の種族又は社会に属している4人の祖父を有する者に限られる（外務省回答）
※ バハマ国		両系	父系	憲法（1973．7．10）6条、8条
バーレーン王国		父系	父系	国籍法（1963、1989改正）
パプアニューギニア独立国		両系	☆両系	憲法（1975．8．15）66条 ☆出生子が国会の法令の定めるところにより登録されること。
パラオ共和国		両系	両系	憲法（1981．1．1）3条

パラグアイ共和国	○		☆両系	憲法（1992）146条 ☆国内での定住等の要件がある。
※ バルバドス	○		☆父系	憲法（1966. 11. 22）4条、5条
※ ハンガリー共和国		両系	両系	国籍法（1957）1条、2条、3条
※ バングラデシュ人民共和国	○		☆父系	市民権法（1951）4条、5条 ☆出生登録をする必要がある。
フィジー諸島共和国		両系	父系	憲法（1990. 7. 25）24条、25条
フィリピン共和国		両系	両系	憲法（1987. 2. 2）1条
※ ブータン王国				（調査中）
ブラジル連邦共和国	○		両系	憲法（1988. 10. 5、1994. 3. 8改正）12条、国籍法（1949. 9. 18、1966. 10. 20改正）1条、憲法（1994. 6. 7）12条、憲法（2007. 9. 20）12条
フランス共和国	○（両親の一方がフランスで生まれた場合におけるフランスで生まれた子）	両系	両系	民法（1998. 3. 16改正）18条、19条の3
※ブルガリア共和国		両系	両系	市民権法（1968. 10. 11）6条
※ ブルキナファソ （旧、上ヴォルタ共和国）		両系	☆両系	国籍法（1960）15条、16条 ☆成年に達する6月以内に放棄できる。
※ ブルネイ・ダルサラーム国 （ブルネイ）		父系	☆父系	国籍法（1961. 12. 12）4条 ☆出生後6月以内に登録する等の条件がある。
※ ブルンジ共和国		父系	父系	国籍法（1971. 8. 10）2条
ベトナム社会主義共和国		☆両系	☆両系	国籍法（1998. 5. 20、2008（2009. 7. 1施行））15条、16条、17条 ☆父母の一方が外国人の場合は、出生登録時に書面による同意が必要。父母の一方が外国人の場合で、国内で出生した者は、父母が国籍選択の同意に至らなかったときは、ベトナム国籍を取得する。

国				根拠法令等
※ベナン共和国 （旧、ダホメ）		父系	父系	国籍法（1965. 6. 23）12条
ベネズエラ・ボリバル共和国	○		☆両系	憲法（1961. 1. 23、1973. 5. 11、1999改正）32条 ☆両親が出生によるベネズエラ人以外の場合、出生子につき住所要件や国籍取得の意思表示をする等の要件がある。
ベラルーシ共和国		両系	☆両系	市民権法（1991. 10. 18）8条、9条、10条 ☆子の出生時において、一方の親がベラルーシ市民であり、ベラルーシ国外に永住していたときは、ベラルーシ国外で出生した子の市民権は、書面で提出された両親の意思により決まる。
ベリーズ	○		両系	憲法（1981. 9. 20）24条、25条 国籍法（1981. 11. 23）5条
ペルー共和国	○		☆両系	憲法（1993. 12. 29）52条 ☆成年に達するまでに所定の登録が必要。
ベルギー王国		両系	☆両系	国籍法（1984. 6. 28）8条 ☆親がベルギー領土内等で出生した者であること。又は出生から5年以内に届出すること等の条件がある。
※ ボツワナ共和国				（調査中）
ポーランド共和国		両系	両系	国籍法（1962. 2. 15）4条、6条
※ ボリビア共和国	○		☆両系	憲法（1967. 6）36条 ☆国内に住居を定めるか、領事館に登録すること。
ポルトガル共和国		両系	☆両系	国籍法（1981. 10. 3、1994. 8. 19改正）1条 ☆ポルトガル国籍を有したい旨の宣言又は出生登録が必要。
ホンジュラス共和国	○		両系	憲法（1936. 3. 28、1982. 1. 11改正）23条

国名	(出生地主義)	(父系優先)	(現行)	根拠法令等
マケドニア旧ユーゴスラビア共和国		☆両系	☆両系	マケドニア共和国市民権法（1992.11.11）4条、5条 ☆（国内）父母の一方がマケドニア国民の場合、他の一方の親の国籍を取得することについて父母が同意している場合を除く。 ☆（国外）父母の一方がマケドニア国民の場合、18歳までに市民としての登録、又は居住条件がある。
マダガスカル共和国		父系	父系	国籍法（1960.7.22）9条
※ マラウイ共和国		☆両系	☆両系	憲法（1966.7.6）4条、5条 ☆（国外）父又は母が生まれながらのマラウイ人であること等の条件がある。 ☆（国内）父の出生地、子の出生地の条件がある。
※ マリ共和国		父系	父系	国籍法（1962.3.1、1968.7.27改正）8条、9条
※ マルタ共和国	○（父母の一方が市民であること）		☆父系	憲法（1964）26条 ☆父の市民権の取得形態による。
マレーシア	○（父母の一方が市民であるか、又は永住者であること）		☆父系	憲法（1984.1.15現在）14条、第二附則第2編1条 ☆父の国内での出生、勤務、子の登録等の条件がある。
ミクロネシア連邦		両系	両系	憲法（1979.5.10）3条2項、国籍法（1982）101条、202条
南アフリカ共和国	○（父が市民でなく、また国内永住許可されておらず、かつ母が市民でない者は取得しない）		☆父系	市民権法（1949.9.2、1984改正）2条、3条、4条、5条、6条、7条 ☆父が国内で出生したこと、父が国内居住していること等の条件がある。
ミャンマー連邦		☆両系	☆両系	市民権法（1982.10.16）7条 ☆両親の一方が外国籍の場合には国の内外を問わず国籍を取得しない。
メキシコ合衆国	○		両系	憲法改正令（1997.3.20）30条
※ モザンビーク共和国	○（外国人を両親とする子は、モザンビーク国民となる旨宣言したときに限る）	両系	両系	憲法（1990.11.2）11条、12条、19条

※ モナコ公国				（調査中）
※ モーリシャス共和国	○		☆父系	憲法（1977.　2.　1）22条 ☆父の市民権取得の方法により子の市民権取得の有無が決定される。
※ モーリタニア・イスラム共和国	○（父母の一方が国内で生まれていること）	父系	父系	国籍法（1961.　6.　24、1973.　1.　23改正）8条、9条
モルディブ共和国		父系	父系	憲法（1968.　1.　11、1975.　4.　15改正）4条
モロッコ王国		両系	両系	国籍法（1958.　9.　6、2007.　4.　5改正、同日施行）6条 父母両系主義の採用に係る規定は、改正法公布日前に出生したすべての者に適用される。
※ モンゴル国		両系	両系	国籍法（1974.　12.　30）3条
※ ヨルダン・ハシェミット王国 （ヨルダン）		両系	両系	国籍法（1954）3条、9条
ラオス人民民主共和国		両系	☆両系	国籍法（1990.　11.　29）9条、10条
ラトビア共和国		両系	☆両系	市民権法（1994.　7.　22）2条、3条 ☆両親の一方がラトビア国籍で国外で生まれた場合、子の出生時に子供と共に住む親がラトビアに永住している等の条件がある。
リトアニア共和国		両系	両系	リトアニア共和国国籍法（2002.　9.　17、2009.　3.　19改正）8条、9条
※ 社会主義人民リビア・アラブ国 （リビア）		☆両系	☆両系	市民権法（1980.　11.　4）2条
※ リヒテンシュタイン公国				（調査中）
※ リベリア共和国	○（ニグロ、又はニグロ系の者であること）		父系	新外国人法及び国籍を制定する法律（1973.　5.　15、1974改正）20条の1
ルクセンブルク大公国		両系	両系	国籍法（1968.　2.　22、1986.　12.　11改正）1条

285

ルーマニア		両系	両系	市民権法（1971. 12. 7）5条、6条
※ ルワンダ共和国		両系	両系	ルワンダ国籍に関する基本法（2008. 7. 25）6条
レソト王国	○（父が連邦の市民であること）		☆父系	市民権令（1971）5条、6条 ☆父の市民権取得の原因如何により決定される。
※ レバノン共和国		父系	父系	国籍に関する命令（1925. 1. 19）1条
ロシア連邦		両系	☆両系	ロシア連邦国籍法（2002. 7. 1施行）12条 ☆両親の一方がロシア国籍で、他方が外国籍の場合、国外で出生したときには取得しない。
北マリアナ諸島連邦	1987年11月4日以降北マリアナ諸島連邦で出生した者はアメリカ合衆国市民となる。			北マリアナ諸島連邦盟約（1987. 11. 4）301項、302項、303項

ここが知りたい国籍法Q&A

2022年5月20日　初版第1刷印刷　　定価：3,450円（本体価：3,137円）
2022年5月26日　初版第1刷発行

不 複 許 製	著　者	土　手　敏　行
	発行者	坂　巻　　徹

発行所	東 京 都 文 京 区 本 郷 5 丁 目11-3	株式 会社 テイハン

電話 03(3811)5312　FAX 03(3811)5545／〒113-0033
ホームページアドレス　https://www.teihan.co.jp

〈検印省略〉　印刷／三美印刷株式会社　ISBN978-4-86096-152-7